AF446494

Ingeniería de Instalaciones Críticas

Una Guía Completa de Formación

Yekini K. Tidjani

Derechos de autor © Año 2026 Todos los derechos reservados por Yekini K. Tidjani.

Ninguna parte de esta publicación puede reproducirse bajo ninguna forma ni por ningún medio, ya sea electrónico o mecánico, incluyendo fotocopia, grabación o cualquier sistema de almacenamiento o recuperación de información, sin permiso previo por escrito de Yekini K. Tidjani.

ISBN

Tapa dura: 979-8-9954317-4-9

Tapa blanda: 979-8-9954317-3-2

© 2025 Yekini K. Tidjani. Todos los derechos reservados

El contenido de este libro no puede reproducirse, duplicarse ni transmitirse sin permiso expreso por escrito del autor o del editor.

En ningún caso el comprador ni ninguna otra persona podrá responsabilizar legalmente al editor o al autor por daños, indemnizaciones o pérdidas económicas, ya sean directas o indirectas, derivadas de la información contenida en este libro.

Aviso legal:

Este libro está protegido por derechos de autor. Está destinado exclusivamente al uso personal. No se permite modificar, distribuir, vender, utilizar, citar ni parafrasear ninguna parte del contenido sin el consentimiento previo del autor o del editor.

Aviso de descargo de responsabilidad:

Tenga en cuenta que la información contenida en este documento tiene únicamente fines educativos y de entretenimiento. Se ha hecho todo lo posible por ofrecer información precisa, actualizada, fiable y completa. No se declaran ni se implican garantías de ningún tipo. Los lectores reconocen que el autor no está prestando asesoramiento legal, financiero, médico ni profesional de ningún tipo. El contenido de este libro se ha recopilado a partir de diversas fuentes.

Se recomienda consultar a un profesional cualificado y autorizado antes de aplicar cualquiera de las técnicas descritas en este libro.

Dedicación

Este libro está dedicado a los héroes anónimos de la industria de los centros de datos: los ingenieros de instalaciones vitales que trabajan incansablemente entre bastidores para mantener la infraestructura digital funcionando sin interrupciones. Su dedicación, pericia y compromiso con la continuidad del servicio son verdaderamente inspiradores.

Esta obra honra su entrega y pone en valor la contribución esencial que realizan al éxito de numerosas empresas y organizaciones. También está dedicada a aquellas personas que aspiran a ingresar en este campo tan importante, ofreciéndoles un camino hacia el éxito en una industria dinámica y gratificante.

Que esta guía les proporcione las habilidades y los conocimientos necesarios para triunfar, realizar aportes significativos y construir una carrera exitosa en el soporte de nuestra infraestructura digital moderna. Su dedicación al mantenimiento de operaciones fiables y eficientes en los centros de datos impulsa la innovación y la conectividad que sostienen nuestra vida cotidiana. Esto está dedicado a ustedes: las generaciones pasadas, presentes y futur

Contenido

Capítulo 1: Introducción a la Ingeniería de Instalaciones Críticas en Centros de Datos

Comprensión de los centros de datos modernos

Gestionar un centro de datos moderno implica mucho más que supervisar filas de equipos; se trata de orquestar un sistema dinámico e interconectado. Cada componente —desde la refrigeración y la alimentación hasta la red y la distribución física— influye en la estabilidad y la eficiencia de la instalación. El ingeniero de instalaciones críticas actúa como el director de esta compleja operación, asegurando que todas las partes funcionen en armonía y interviniendo para resolver cualquier problema que surja.

En el corazón de la operación se encuentra la sala de datos. Aquí es donde ocurre la acción: filas de racks de servidores repletos de potencia de cómputo, procesando petabytes de datos las 24 horas del día. La disposición de estos racks no es casual. El diseño sigue el principio de contención de pasillos calientes y fríos: el aire frío se canaliza hacia la parte frontal de los servidores, mientras que el aire caliente de escape se dirige hacia atrás para evitar el sobrecalentamiento. Este concepto aparentemente simple tiene un impacto enorme en la eficiencia energética y en la vida útil del equipo.

Cada detalle —desde la densidad de los servidores hasta el tipo de cables utilizados— afecta el consumo de energía y las demandas de refrigeración. Y esto nos lleva al siguiente componente vital: la red.

La infraestructura de red es el sistema circulatorio del centro de datos. Cables de fibra óptica, pisos elevados y bandejas conectan switches, routers y firewalls para crear un entorno ultrarrápido de alta capacidad donde los datos fluyen sin interrupciones. La redundancia está integrada en cada diseño, garantizando que no exista un único punto de fallo capaz de paralizar el sistema.

Topología	Ventajas	Desventajas	Caso de uso típico
Estrella (Star)	Fácil de gestionar; la falla de un dispositivo no afecta al resto de la red	El hub central es un punto único de fallo	LAN pequeñas, centros de datos pequeños
Malla (Mesh)	Muy fiable; múltiples caminos garantizan que no haya un único punto de fallo	Costosa y compleja de instalar y mantener	Sistemas militares, aplicaciones de alta disponibilidad
Anillo (Ring)	Los datos viajan en una sola dirección; fácil de gestionar e identificar fallos	La falla de un dispositivo afecta a toda la red (a menos que sea un anillo dual)	Sistemas heredados, redes sencillas

Por supuesto, toda esta tecnología requiere una cantidad significativa de energía. Aquí es donde entra en juego el sistema de distribución de energía. Comienza en la red eléctrica de la compañía suministradora y fluye a través de varias capas de protección y transformación, que incluyen transformadores, tableros de distribución (switchgear), sistemas de alimentación ininterrumpida (UPS), y finalmente, las Unidades de Distribución de Energía (PDUs), antes de llegar a los racks de servidores.

Así es como se ve ese recorrido:

Flujo de Energía en un Centro de Datos

Cada elemento desempeña un papel en la conversión y protección de la entrega de energía. El UPS cubre las interrupciones a corto plazo, mientras que los generadores diésel se encargan de los cortes prolongados. Los ingenieros deben monitorear el consumo de energía en tiempo real, equilibrar las cargas entre circuitos y anticipar picos que podrían comprometer la continuidad del servicio.

Además, trabajar con sistemas de alta tensión exige un estricto cumplimiento de los protocolos de seguridad, especialmente los procedimientos de bloqueo y etiquetado (LOTO, por sus siglas en inglés: Lockout/Tagout), que evitan la reenergización accidental durante el mantenimiento y otras operaciones.

La planificación de capacidad es igual de importante. Sobrecargar la infraestructura eléctrica puede provocar fallos graves. Los ingenieros deben analizar datos en tiempo real provenientes de medidores de energía y software para garantizar que todo el sistema opere dentro de límites seguros y eficientes.

Sistemas de refrigeración, seguridad e interdependencias del sistema

Los sistemas de refrigeración son uno de los componentes más críticos en un centro de datos. Con equipos de TI densamente empaquetados que generan una cantidad significativa de calor, una refrigeración adecuada no es opcional: es imprescindible. Sin ella, los servidores pueden sobrecalentarse, lo que provoca fallos en el sistema, pérdida de datos y costosos tiempos de inactividad.

Para gestionar esto, los centros de datos emplean diversas tecnologías de refrigeración. Las estrategias principales suelen incluir acondicionadores de aire para salas de computadoras (CRAC) o manejadores de aire para salas de computadoras (CRAH), junto con unidades de pared de ventiladores (Fan Wall Units, FWU) o unidades de serpentín con ventilador (Fan Coil Units, FCU). Estos sistemas circulan aire frío por toda la instalación, asegurando que todo el equipo de servidores se mantenga dentro de umbrales de temperatura seguros.

En operaciones más grandes, los sistemas de enfriamiento con chillers suministran agua fría a las unidades CRAC para una refrigeración más efectiva. Los ingenieros también deben conocer sistemas avanzados, como el enfriamiento adiabático, el free cooling y el enfriamiento líquido, cada uno con ventajas y consideraciones operativas distintas.

Comparación de tecnologías de refrigeración

Tecnología	Mejor para	Ventajas clave	Consideraciones / Desventajas
CRAC/CRAH	Centros de datos estándar	Fiable, ampliamente utilizado, fácil de implementar	Mantenimiento regular o modular
Sistemas Chiller	Instalaciones a gran escala	Escalable y eficiente	Costo y complejidad elevados
Enfriamiento adiabático	Climas secos con agua disponible	Muy eficiente energéticamente y ecológicamente	Requiere disponibilidad de agua

Free Cooling	Climas fríos o ambientes frescos	Bajo costo operativo, aprovecha el aire ambiente	Dependiente de las condiciones ambientales externas
Enfriamiento líquido (Liquid Cooling)	Alta densidad, alto rendimiento	Superior eficiencia térmica y energética	Mayor inversión inicial

La seguridad, también, es fundamental. Los centros de datos albergan no solo hardware valioso, sino activos digitales sensibles. Por eso, los sistemas de seguridad física y lógica deben funcionar en perfecta sincronía. Los sistemas físicos incluyen CCTV, control de acceso biométrico y detección de intrusiones. Los sistemas lógicos protegen las redes mediante firewalls, reglas de acceso y protocolos de ciberseguridad.

El ingeniero de instalaciones desempeña un papel vital en el monitoreo, la respuesta y el mantenimiento diario de estos sistemas. Además, debe saber interpretar los datos de seguridad, hacer cumplir los controles de acceso y garantizar el cumplimiento de estándares como HIPAA y PCI DSS.

Estos sistemas no existen de forma aislada. Están profundamente interconectados. Por ejemplo, un corte de energía puede provocar una falla en la refrigeración, desencadenando una cascada de sobrecalentamiento, fallos en los servidores y posiblemente una alarma falsa en el sistema de seguridad. A la inversa, una brecha de seguridad podría requerir el apagado coordinado de emergencia de la energía y la refrigeración.

Por eso es crucial adoptar un enfoque holístico. Los ingenieros deben desarrollar una comprensión integral de estas interdependencias, establecer canales de comunicación efectivos con los equipos de TI, los inquilinos y los proveedores, y mantenerse proactivos con un enfoque en la prevención y la preparación.

El mantenimiento proactivo, el monitoreo en tiempo real y las revisiones programadas de los sistemas no son solo tareas: son pilares de unas operaciones exitosas. Desde la gestión de relaciones con proveedores hasta la inspección de equipos y el análisis de tendencias de datos, el ingeniero de instalaciones desempeña múltiples roles, todos los cuales impactan directamente en la continuidad del servicio y la resiliencia del sistema.

En los centros de datos ocupados por inquilinos, este rol se vuelve aún más dinámico. Aquí, el ingeniero también actúa como un enlace clave, equilibrando las necesidades de los ocupantes con las limitaciones de la infraestructura física. Es un rol que combina destreza técnica con diplomacia, haciendo que la comunicación y la colaboración sean tan cruciales como la resolución de problemas y la planificación.

Mantenimiento Preventivo y Operación

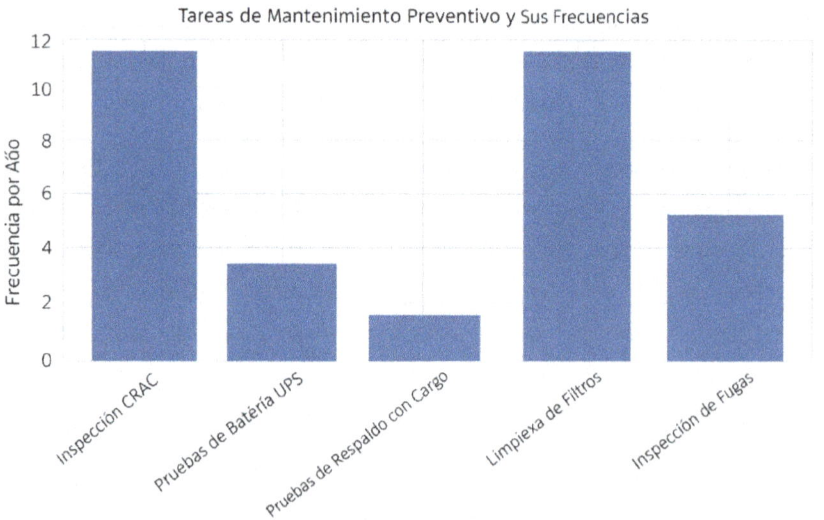

El mantenimiento preventivo es fundamental en el rol del ingeniero de instalaciones críticas. Se trata de un enfoque proactivo orientado a prevenir fallos en lugar de reaccionar ante ellos. El éxito en esta área depende de una programación precisa, un estricto cumplimiento de las especificaciones del fabricante y un profundo conocimiento del funcionamiento de cada sistema.

Por ejemplo, las inspecciones regulares de las unidades CRAC incluyen verificar los niveles de refrigerante, probar el funcionamiento de los ventiladores, inspeccionar los filtros e identificar y sellar fugas. De manera similar, los sistemas UPS requieren pruebas de baterías, ejercicios con banco de carga para verificar la capacidad y revisiones de la infraestructura de carga. Estos procedimientos reducen significativamente el riesgo de tiempo de inactividad, apoyando el funcionamiento ininterrumpido de los sistemas esenciales.

Cada actividad de mantenimiento se registra cuidadosamente, anotando la fecha, la hora, las acciones realizadas y los hallazgos clave. Este registro es vital para detectar tendencias de rendimiento, comprender problemas recurrentes y prever necesidades futuras. Para gestionar todo esto de forma eficiente, los ingenieros de instalaciones confían en Sistemas Computarizados de Gestión del Mantenimiento (CMMS, por sus siglas en inglés). Estos sistemas ayudan a programar, documentar y analizar las operaciones de mantenimiento mediante una plataforma centralizada que permite seguir órdenes de trabajo, historiales de equipos y niveles de inventario. Esto mejora la toma de decisiones y optimiza la asignación de recursos en toda la instalación.

Resolución de problemas y análisis de causa raíz

La resolución de problemas es otra responsabilidad central que exige tanto pericia técnica como habilidades diagnósticas agudas. Cuando surge una falla, el ingeniero debe identificar rápidamente la causa raíz y aplicar una solución efectiva. Este proceso suele implicar interpretar datos del Sistema de Gestión de Edificios (BMS), revisar registros del sistema y realizar inspecciones in situ.

Por ejemplo, ante una pérdida repentina de refrigeración, las posibles causas podrían incluir un chiller en fallo, un mal funcionamiento de una unidad CRAC o una obstrucción en el flujo de aire. El ingeniero debe investigar sistemáticamente cada posibilidad utilizando herramientas como cámaras termográficas, software de diagnóstico y medidores de flujo de aire. El proceso de resolución de problemas es frecuentemente colaborativo, requiriendo la asistencia de proveedores externos o técnicos especializados. Cada incidente va seguido de un informe escrito de Análisis de Causa Raíz (RCA), que documenta el problema, las acciones tomadas y las soluciones aplicadas. Los informes RCA contribuyen a la mejora continua al ayudar a los equipos a evitar fallos repetidos y reforzar el conocimiento a través de la experiencia.

Flujo de Trabajo para Análisis de Causa Raíz

Problema Detectado	Análisis de Datas (BMS, Logs)	Inspección Fisica Y Uso de Herramientas	Colaborar con Proveedores/ Técnicos	Aplicar Solución	Documentar e Informar

Preparación y respuesta ante emergencias

La respuesta ante emergencias es una de las funciones más críticas del ingeniero de instalaciones. En situaciones de alto estrés —como cortes de energía, alarmas de incendio o fallos en el sistema HVAC— el ingeniero actúa como primer respondedor. Este rol exige un conocimiento profundo de los procedimientos de emergencia, ejecución serena bajo presión y una coordinación efectiva con otros equipos. Los protocolos de emergencia deben estar predefinidos, ensayados regularmente y disponibles de inmediato para todo el personal.

Consideremos un escenario de corte de energía: los ingenieros deben transferir inmediatamente las cargas a los sistemas de respaldo, confirmar el funcionamiento del UPS e informar a los inquilinos afectados con actualizaciones y estimaciones de restauración. En caso de alarma de incendio, las acciones pueden incluir iniciar evacuaciones, coordinar con los servicios de emergencia y evaluar el impacto en las operaciones. Las revisiones posteriores al incidente son vitales para capturar lecciones aprendidas y mejorar las respuestas futuras.

Supervisión de proveedores y gestión de relaciones

La gestión de proveedores es un aspecto significativo del rol. Implica supervisar contratistas, administrar acuerdos de servicio y asegurar que los proveedores cumplan con los estándares de rendimiento y seguridad. Los ingenieros deben mantener una comunicación proactiva, programar citas de servicio y garantizar que todo el trabajo se complete según lo establecido. La selección de proveedores es una decisión estratégica basada en competencia técnica, confiabilidad, costo y capacidad de respuesta. El ingeniero de instalaciones es responsable de establecer expectativas, monitorear el desempeño y asegurar el cumplimiento de los términos del contrato. Las revisiones periódicas y las evaluaciones de rendimiento ayudan a mantener la responsabilidad y a seguir el progreso. Además, controles de acceso estrictos, verificaciones de antecedentes y cumplimiento de protocolos de seguridad garantizan que los proveedores no introduzcan riesgos en el centro de datos.

Apoyo a inquilinos y coordinación de servicios

Las relaciones con los inquilinos son centrales en las operaciones de un centro de datos multiinquilino. El ingeniero de instalaciones críticas actúa como enlace entre los sistemas de la instalación y las personas que dependen de ellos. Esto implica comprender las necesidades de los inquilinos, proporcionar una comunicación clara y asegurar respuestas oportunas a eventos que afecten el servicio. Por ejemplo, un inquilino con problemas de rendimiento de red puede requerir que el ingeniero coordine entre la red de la instalación, los equipos de TI del inquilino y proveedores de servicios externos.

Los ingenieros a menudo necesitan traducir detalles técnicos a un lenguaje claro, actualizar a los inquilinos sobre el progreso y gestionar expectativas con profesionalismo y transparencia. Establecer confianza y mantener una relación de trabajo sólida ayuda a garantizar la satisfacción y unas operaciones diarias fluidas.

Reportes y comunicación interfuncional

La comunicación efectiva es esencial en todos los aspectos del rol del ingeniero. Los ingenieros preparan rutinariamente resúmenes de rendimiento, registros de mantenimiento e informes de incidentes para las partes interesadas, incluidos la gerencia, los inquilinos y socios externos. Ya sea a través de documentación escrita, correos electrónicos, reuniones o paneles de control, la claridad y la precisión en la comunicación son clave para mantener la conciencia operativa y la confianza de las partes interesadas.

El método de comunicación depende de la situación: los problemas urgentes pueden requerir llamadas telefónicas o mensajes instantáneos, mientras que las actualizaciones rutinarias pueden entregarse mediante informes semanales o reuniones programadas. Una comunicación sólida también promueve la transparencia y la colaboración proactiva entre equipos.

Seguridad y protocolos de bloqueo/etiquetado (LOTO)

Una cultura fuerte de seguridad es innegociable en los entornos de centros de datos. Incluso un solo error puede resultar en daños al equipo, tiempo de inactividad o lesiones. El ingeniero de instalaciones críticas debe seguir estrictamente los estándares y procedimientos de seguridad establecidos en todo momento.

La seguridad eléctrica depende en gran medida de los procedimientos de bloqueo/etiquetado (LOTO, por sus siglas en inglés: Lockout/Tagout). Antes de trabajar en sistemas energizados, el equipo debe apagarse completamente. Se coloca un candado en el interruptor para evitar que se reenergice, y se adjunta una etiqueta con información sobre quién aplicó el candado, cuándo se utilizó y el motivo de su aplicación.

Si participan varias personas, cada una debe aplicar su propio candado y etiqueta. Es importante destacar que solo la persona que colocó el candado puede retirarlo, garantizando plena responsabilidad y seguridad.

Elementos Clave de Seguridad y Bloqueo/Etiquetado (LOTO)

Inspección y Cumplimiento	Inspeccionar cables, aislamiente; seguir códigos de seguridad y documentar
Uso de EPP y Equipamiento	Usar guantes, gafas, zapatos de seguridad; y verificar con medidores
Responsabilidades del Personal	Cada persona bloquea solo su propio punto; solo ellos lo pueden quitar
Tipos de Energía Acumulada	Eléctrica, Capacitor, Hidráulica, Neumática, Energia por Resorte
Pasos del Proceso LOTO	Apagar → Bloquear → Etiquetar → Probar energía a cero

El proceso LOTO va más allá de simplemente bloquear la energía eléctrica. Abarca todas las formas de energía almacenada, incluidas capacitores, resortes, sistemas hidráulicos y sistemas neumáticos. Cada tipo de energía almacenada requiere procedimientos específicos para garantizar una desenergización completa. Por ejemplo, un banco de capacitores puede exigir pasos adicionales, como descargar los capacitores utilizando una herramienta especializada, antes de aplicar el dispositivo de bloqueo.

Pasos igualmente minuciosos son necesarios al trabajar con sistemas neumáticos e hidráulicos, asegurando que toda la presión se libere antes de iniciar cualquier tarea. Los procedimientos detallados para cada pieza de equipo deben estar documentados, fácilmente accesibles para todo el personal y actualizados cada vez que se produzcan cambios en el equipo o en sus procedimientos de mantenimiento. Las sesiones de capacitación regulares y las demostraciones prácticas son esenciales para garantizar que todos comprendan a fondo y puedan ejecutar correctamente el procedimiento LOTO. El incumplimiento meticuloso de estos procedimientos puede resultar en lesiones graves y disrupciones operativas significativas.

La seguridad eléctrica va más allá de los procedimientos LOTO. Los centros de datos albergan una amplia gama de equipos eléctricos que operan a diversos niveles de voltaje y corriente. El personal debe estar adecuadamente capacitado y equipado para trabajar de forma segura alrededor de este equipo. Esto incluye el uso de Equipo de Protección Personal (EPP) adecuado, como guantes aislantes, gafas de seguridad y calzado de seguridad. Además, las inspecciones regulares de los equipos eléctricos son cruciales para identificar posibles peligros, como cables desgastados, aislamiento dañado y conexiones sueltas.

Estas inspecciones deben ser realizadas por personal calificado, siguiendo procedimientos establecidos y documentando sus hallazgos. El uso de equipos de prueba eléctrica, como multímetros y probadores de aislamiento, es fundamental para verificar la integridad de los sistemas eléctricos e identificar riesgos potenciales antes de que se conviertan en incidentes. Además, un claro entendimiento de las normativas y estándares de seguridad eléctrica es esencial para todo el personal que trabaja en el centro de datos.

Estas normativas suelen dictar los requisitos para las inspecciones de seguridad eléctrica, la capacitación del personal y el uso de equipos de protección específicos.

Seguridad en espacios confinados y preparación ante emergencias

Los procedimientos de entrada a espacios confinados son cruciales en los entornos de centros de datos, donde el personal puede necesitar acceder a áreas cerradas como zanjas de cables, bóvedas eléctricas o sistemas bajo el piso. Estas áreas presentan riesgos únicos, como niveles reducidos de oxígeno, acumulación de gases tóxicos y posible atrapamiento. Antes de entrar en cualquier espacio confinado, se debe realizar una evaluación completa de riesgos. Esto incluye probar los niveles adecuados de oxígeno, verificar la presencia de gases nocivos y confirmar que la ventilación es suficiente. En muchos casos, se requieren herramientas especializadas como detectores multigases y sopladores de ventilación para garantizar la seguridad.

Con frecuencia se utiliza un sistema de permiso de trabajo para formalizar la entrada a espacios confinados. Esto asegura que todos los riesgos estén claramente identificados, que las medidas de mitigación estén implementadas y que la entrada esté supervisada por personal capacitado.

El permiso incluye un resumen de los riesgos, las medidas de seguridad a tomar y las instrucciones detalladas de emergencia. Una persona designada es responsable de monitorear las condiciones y mantener contacto constante con quienes trabajan dentro del espacio. En caso de surgir una emergencia, esta persona debe iniciar una respuesta rápida e alertar inmediatamente a los servicios de emergencia.

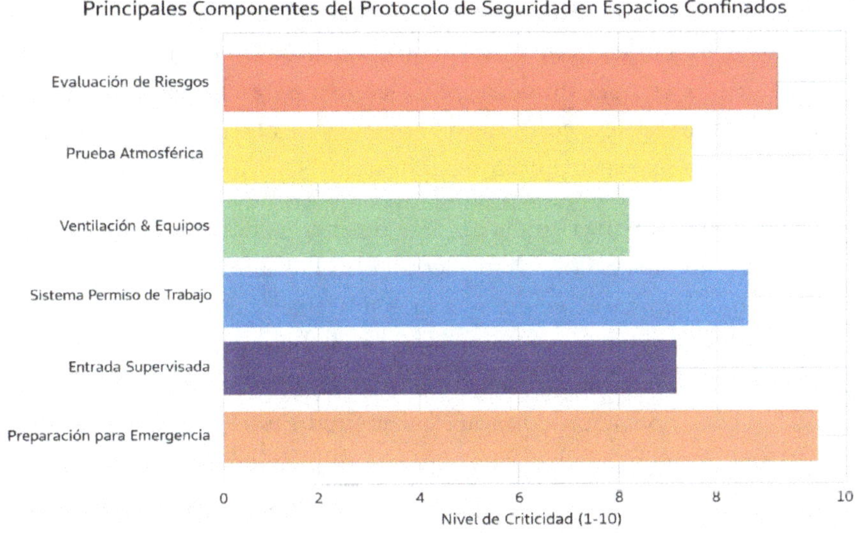

La seguridad es más que una lista de verificación: es una mentalidad. El éxito de un centro de datos depende de cuán seriamente todos prioricen la seguridad en todos los niveles. Cumplir con los protocolos establecidos, acatar los requisitos legales y fomentar una cultura proactiva de seguridad contribuyen a crear un entorno de trabajo seguro y estable. Esto implica ofrecer capacitaciones exhaustivas, realizar recorridos e inspecciones de seguridad regulares y mantener registros transparentes de todas las actividades.

Cuando la seguridad se integra plenamente en las operaciones diarias, se obtiene una instalación más productiva y resiliente. El resultado son menos incidentes, mayor confianza del personal y una protección más sólida de la infraestructura y los activos. Una cultura de mejora continua —donde se utiliza la retroalimentación para perfeccionar los procedimientos— ayuda a garantizar que los estándares de seguridad evolucionen al mismo ritmo que la propia instalación.

Sistemas eléctricos: la columna vertebral de energía del centro de datos

En el núcleo de todo centro de datos se encuentra su infraestructura eléctrica. Comprender este sistema es fundamental para cualquiera que participe en la operación de instalaciones críticas. Esta sección describe el recorrido de la energía desde la red eléctrica externa hasta los racks de servidores individuales, con énfasis en aplicaciones prácticas del mundo real más que en teorías técnicas complejas.

El proceso comienza con la entrega de energía desde la red eléctrica de la compañía suministradora. Esta electricidad entrante suele llegar a voltaje medio (como 34.5 kV) y se dirige a una subestación en sitio. Allí, grandes transformadores de potencia reducen el voltaje a niveles más utilizables, comúnmente alrededor de 480 voltios. Estos transformadores están diseñados para operación continua y a menudo utilizan enfriamiento por aceite para disipar el calor. Se requiere mantenimiento periódico, que incluye muestreo de aceite y pruebas eléctricas, para garantizar un funcionamiento confiable. Una falla en el transformador en esta etapa podría provocar una pérdida total de energía en toda la instalación.

Desde la subestación, la energía se distribuye a través de una red organizada y redundante de tableros de distribución (switchgear), cables aislados y sistemas de barras (busways). Los sistemas de switchgear funcionan como centros de control para el enrutamiento eléctrico, permitiendo una distribución segura e inteligente hacia los distintos componentes del centro de datos. Los tableros modernos suelen incorporar capacidades de monitoreo inteligente que facilitan operación remota y detección automática de fallos. La redundancia está integrada en el diseño, lo que permite una transición sin interrupciones si una parte del sistema falla, minimizando así el tiempo de inactividad.

La energía fluye a través de conductores de cobre alojados en sistemas de cables aislados con clasificación contra incendios. Estos cables se disponen ordenadamente a lo largo de bandejas portacables o dentro de conductos para garantizar la seguridad y cumplir con los requisitos de los códigos locales. Su trazado está cuidadosamente diseñado para apoyar tanto la eficiencia eléctrica como la contención de incendios.

Construyendo una Cultura de Seguridad

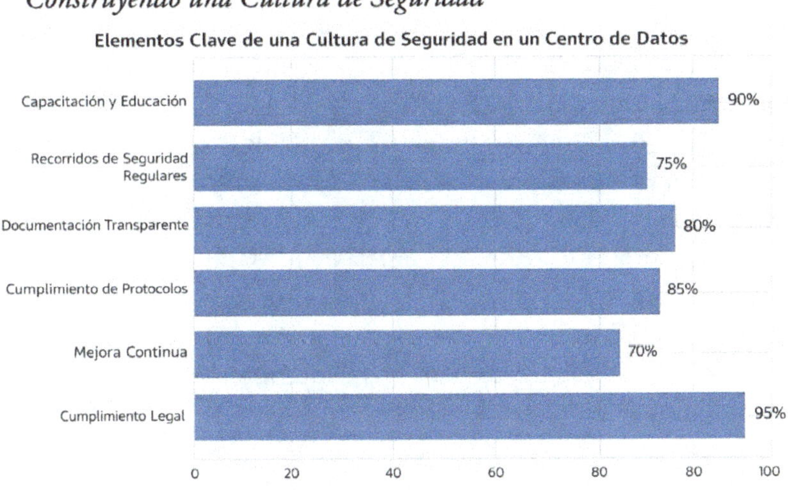

Los sistemas de barras (busways) complementan los sistemas de cables al ofrecer flexibilidad en la distribución de energía a lo largo de pisos elevados o techos. Estos sistemas de conductores encerrados son modulares y fácilmente reconfigurables, lo que resulta especialmente útil en instalaciones con necesidades de energía cambiantes o crecimiento rápido. Las barras facilitan el suministro y la reorientación de electricidad hacia los racks de servidores sin requerir obras mayores ni interrupciones en las operaciones.

Sistemas UPS, generadores y optimización de energía en centros de datos

Un componente vital en la infraestructura eléctrica de un centro de datos es la Alimentación Ininterrumpida (UPS, por sus siglas en inglés). Los sistemas UPS constituyen la primera línea de defensa contra la pérdida de energía, proporcionando alimentación de respaldo inmediata para mantener los sistemas críticos de TI funcionando sin interrupciones. Existen diferentes arquitecturas de UPS, cada una adaptada a necesidades operativas específicas.

Los sistemas UPS en línea (doble conversión) ofrecen el mayor nivel de protección al convertir constantemente la energía alterna entrante a continua y luego de nuevo a alterna, entregando una salida limpia y consistente independientemente de las condiciones de la red eléctrica. En contraste, los sistemas UPS offline o de espera solo se activan cuando falla la energía de la red, lo que los hace más económicos pero menos robustos para aplicaciones sensibles. La elección del sistema UPS depende de la criticidad de la carga protegida y del nivel de redundancia requerido. El dimensionamiento adecuado es crucial: un UPS debe soportar las demandas máximas de potencia de la infraestructura de TI, al tiempo que considera la eficiencia, el crecimiento futuro y el mantenimiento programado. El servicio regular —incluyendo pruebas de baterías, programación de reemplazos y revisiones de inversores— es esencial para garantizar un rendimiento confiable durante los cortes.

Generadores: respaldo de larga duración

Los generadores añaden un nivel adicional de seguridad energética, particularmente durante cortes prolongados de la red eléctrica. La mayoría de los centros de datos dependen de generadores diésel capaces de soportar la carga completa de la instalación por períodos extendidos. Estos generadores suelen conectarse a interruptores de transferencia automática (ATS), asegurando una transición suave de la energía en caso de outage.

Para garantizar la preparación operativa, los generadores deben probarse regularmente bajo carga, y los programas de mantenimiento deben incluir revisiones del sistema de combustible, cambios de aceite, pruebas de refrigerante e inspecciones del escape.

El almacenamiento de combustible y la logística de reabastecimiento requieren una planificación cuidadosa, especialmente en instalaciones remotas o en regiones reguladas donde los estándares ambientales y los plazos de entrega de emergencia son críticos. La capacidad de los generadores debe incorporar un margen de seguridad para acomodar picos imprevistos o aumentos en la demanda de energía.

Monitoreo en tiempo real e integración con DCIM

El monitoreo tiene igual importancia que el diseño eléctrico. Las plataformas de Gestión de Infraestructura de Centros de Datos (DCIM), junto con herramientas de monitoreo especializadas, proporcionan información detallada y en tiempo real sobre el consumo de energía, cargas en circuitos, niveles de voltaje y rendimiento del sistema. Generan alertas ante anomalías —como picos de corriente o desequilibrios de fases— permitiendo a los ingenieros resolver problemas tempranamente y prevenir fallos.

Más allá de las alertas, las herramientas de monitoreo habilitan el mantenimiento predictivo. Por ejemplo, pueden rastrear la degradación de baterías a lo largo del tiempo, identificar tendencias en el uso de carga y destacar equipos en riesgo de falla. Estos datos ayudan a optimizar la eficiencia energética, mejorar la precisión en la planificación y respaldar una gestión de capacidad más informada. Los ingenieros pueden utilizar datos históricos para tomar decisiones acertadas sobre actualizaciones, reemplazos o cambios procedimentales.

Corrección del factor de potencia y eficiencia del sistema

El equipo de TI moderno a menudo introduce cargas no lineales que pueden degradar el factor de potencia e incrementar la tensión en el sistema eléctrico. Un factor de potencia bajo resulta en un uso ineficiente de la energía y mayores costos de utilidad. Para contrarrestar esto, las instalaciones incorporan capacitores de corrección del factor de potencia (PFC), que ayudan a alinear la diferencia de fase entre corriente y voltaje, reduciendo pérdidas y estabilizando el sistema eléctrico. La implementación de PFC no solo genera ahorros económicos, sino que también minimiza la generación de calor, reduce el ruido eléctrico y prolonga la vida útil de los componentes de distribución de energía. Es un paso crucial para optimizar la eficiencia general de la infraestructura.

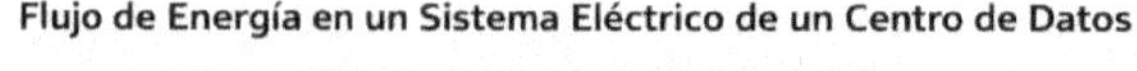

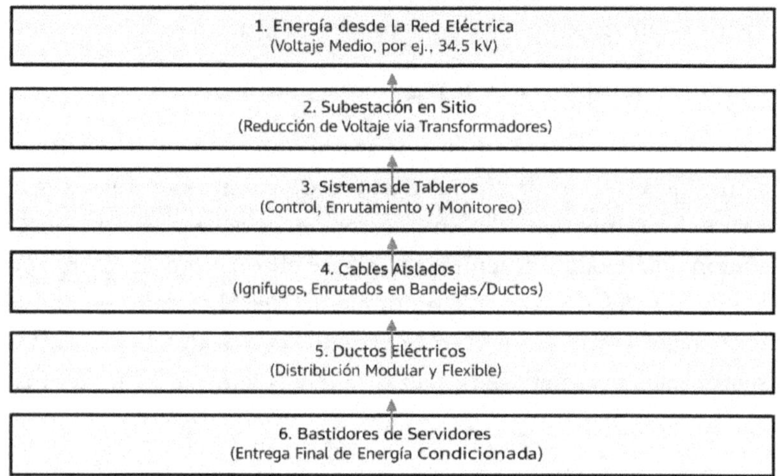

Un equilibrio efectivo de cargas garantiza que las cargas eléctricas se distribuyan de manera uniforme entre las Unidades de Distribución de Energía (PDU), los paneles de circuitos y los sistemas UPS. Una carga desequilibrada puede hacer que ciertos circuitos soporten corriente excesiva, aumentando el riesgo de sobrecalentamiento y fallos. Con el tiempo, este desequilibrio también reduce la vida útil y provoca un desgaste innecesario en los componentes eléctricos.

Las herramientas DCIM suelen ofrecer interfaces gráficas para visualizar la distribución de cargas y seguir tendencias a lo largo del tiempo. Los ingenieros pueden utilizar estos datos para reconfigurar circuitos, desplazar cargas estratégicamente y planificar expansiones sin sobrecargar ninguna parte del sistema. El equilibrio adecuado de cargas no es un evento único: requiere ajustes continuos a medida que evolucionan las demandas de TI.

Integrando todo

En resumen, los ingenieros de instalaciones críticas deben dominar las complejidades del sistema eléctrico de un centro de datos. Esto incluye comprender toda la cadena de energía, desde la alimentación de la red eléctrica hasta el rack de servidores, así como un conocimiento profundo de las configuraciones de UPS, el funcionamiento de los generadores, el monitoreo de sistemas, la corrección del factor de potencia y el equilibrio de cargas.

Garantizar la continuidad del servicio implica mucho más que contar con el equipo adecuado: exige vigilancia constante, mantenimiento proactivo y toma de decisiones informadas por datos. Una estrategia sólida de gestión eléctrica, combinada con aprendizaje continuo y adhesión a las mejores prácticas, permitirá que la instalación mantenga un rendimiento óptimo frente a demandas crecientes y desafíos en evolución.

Los Sistemas de Gestión de Edificios (BMS) constituyen el sistema nervioso central de un centro de datos moderno, proporcionando monitoreo y control integral sobre una amplia gama de componentes críticos de la infraestructura. Comprender su funcionamiento es fundamental para cualquier ingeniero de instalaciones críticas. Estos sistemas recopilan datos de diversas fuentes —incluidos sistemas HVAC, unidades de distribución de energía (PDU), sistemas de seguridad, sistemas de supresión de incendios e incluso iluminación— ofreciendo una visión unificada del estado operativo del centro de datos. Este enfoque integrado facilita una gestión eficiente, mantenimiento proactivo y respuesta rápida ante problemas potenciales.

Una arquitectura típica de BMS consta de varios componentes clave. En su núcleo se encuentra la estación central de gestión, un servidor o estación de trabajo que ejecuta software especializado para recopilar, procesar y mostrar datos provenientes de diversos dispositivos de campo. Estos dispositivos de campo —sensores y actuadores— están distribuidos por todo el centro de datos y se encargan de recolectar datos (como temperatura, humedad y consumo de energía) y ejecutar acciones de control (ajustar puntos de consigna de termostatos, abrir o cerrar compuertas, etc.). La comunicación entre estos dispositivos y la estación central se realiza a través de una red, utilizando comúnmente protocolos como BACnet, Modbus o LonWorks. La elección del protocolo depende del equipo específico que se monitorea y controla, así como de la infraestructura existente. Comprender estos protocolos y sus interacciones es crucial para la resolución de problemas y la integración de sistemas.

La interfaz del BMS, punto de interacción para los operadores humanos, suele consistir en una aplicación de software sofisticada que ofrece un panel de control intuitivo. Esta interfaz muestra parámetros críticos en tiempo real mediante representaciones gráficas como gráficos de tendencias, indicadores y mapas, facilitando la comprensión de conjuntos de datos complejos. El nivel de detalle y complejidad varía según el tamaño y la sofisticación del centro de datos. Un centro pequeño puede requerir solo una interfaz básica que muestre parámetros clave como temperatura y humedad, mientras que una instalación grande puede contar con un sistema más elaborado, con múltiples pantallas, capacidades de profundización y herramientas avanzadas de reportes.

La interfaz no es solo un medio de visualización: actúa como centro de control, permitiendo a los operadores ajustar puntos de consigna, activar alarmas y programar actividades de mantenimiento. El uso efectivo de la interfaz del BMS requiere un alto grado de comprensión, no solo del software en sí, sino también de los sistemas subyacentes que controla. La capacitación y la experiencia son esenciales para navegar sus complejidades e interpretar los datos con precisión.

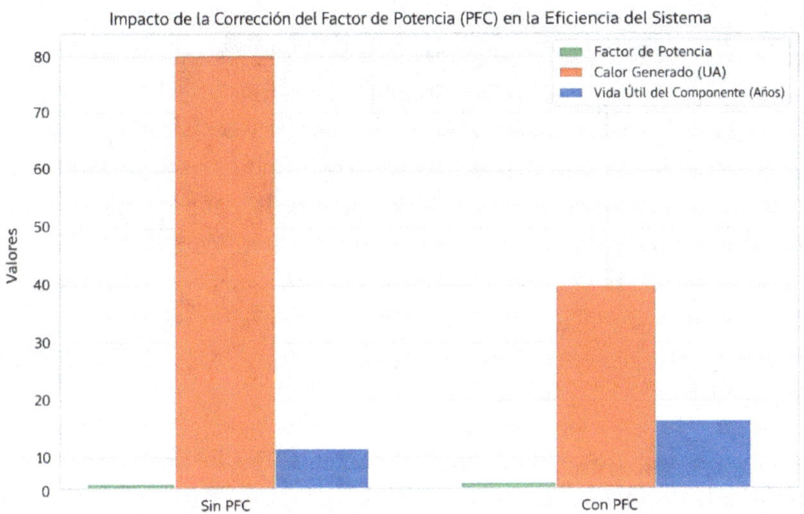

Dominio de la interpretación de datos del BMS en la ingeniería de instalaciones críticas

Interpretar los datos de un Sistema de Gestión de Edificios (BMS) es una capacidad vital para cualquier ingeniero de instalaciones críticas. Las plataformas modernas de BMS generan enormes volúmenes de datos en tiempo real e históricos a través de numerosos parámetros, haciendo esencial la habilidad para extraer información significativa. Esto va mucho más allá de simplemente monitorear alarmas: implica detectar tendencias, anomalías e ineficiencias sutiles que podrían indicar problemas mayores en el sistema. Por ejemplo, un aumento gradual en la Efectividad del Uso de Energía (PUE) durante varias semanas puede sugerir una creciente ineficiencia en la refrigeración o la entrega de energía.

De igual modo, un repentino incremento en la temperatura del agua fría puede señalar una posible falla en el circuito de enfriamiento. Detectar estas señales tempranas permite acciones preventivas, distinguiendo a los ingenieros experimentados de aquellos que solo reaccionan ante problemas inmediatos.

El BMS también brinda acceso a datos altamente detallados y granulares que respaldan la toma de decisiones estratégicas informadas. Por ejemplo, al revisar lecturas individuales de Unidades de Distribución de Energía (PDU), los ingenieros pueden identificar racks de servidores subutilizados o sobrecargados. Estos datos guían decisiones de equilibrio de cargas, optimizan el consumo energético e incluso orientan la ubicación de equipos. De manera similar, el seguimiento de temperatura y humedad dentro de gabinetes específicos permite identificar puntos calientes térmicos y realizar ajustes precisos de refrigeración, mejorando el rendimiento y reduciendo el gasto energético innecesario. Estas percepciones contribuyen directamente a mejorar la eficiencia, la redundancia y la integridad operativa.

El mantenimiento proactivo se beneficia enormemente del análisis de tendencias históricas recopiladas a través del BMS. En lugar de esperar a reparar fallos una vez ocurridos, los ingenieros pueden planificar el mantenimiento basándose en señales predictivas. Por ejemplo, monitorear patrones de vibración en bombas o chillers puede detectar signos tempranos de estrés mecánico o problemas en rodamientos. Identificar estos problemas a tiempo permite intervenciones oportunas, minimizando tiempos de inactividad y evitando reparaciones de emergencia costosas. Esta estrategia proactiva reduce costos operativos, maximiza la disponibilidad del sistema y favorece una operación sostenible mediante una gestión eficiente de recursos.

La resolución de problemas es otra área donde los datos del BMS resultan extremadamente útiles. Cuando ocurren eventos inesperados —como una caída repentina en la temperatura de la sala de servidores o un pico inexplicable en el consumo de energía—, el BMS ofrece un registro completo de las condiciones en todos los sistemas. Por ejemplo, si las temperaturas de la sala caen de repente, los ingenieros podrían sospechar inicialmente una falla en el sistema de refrigeración. Sin embargo, un análisis más detallado de los datos del BMS podría revelar un error de calibración del sensor o una lectura falsa, lo que ayuda a redirigir la resolución de problemas y evita reparaciones innecesarias. El acceso a esta información diagnóstica detallada permite resolver incidencias de forma rápida y precisa, reduciendo su impacto en las operaciones.

Un ejemplo práctico ilustra esto claramente: supongamos que el BMS registra un aumento lento pero constante en la temperatura dentro de un área específica de contención de pasillo caliente. El ingeniero no se limita a notar la tendencia: profundiza. Comienza verificando el flujo de aire a través de los ventiladores del pasillo, buscando obstrucciones o fallos. Si los ventiladores parecen funcionar correctamente, la atención se desplaza río arriba hacia las unidades CRAC, FCU o FWU que suministran aire frío. Al cruzar tasas de flujo de aire, temperaturas de agua fría y tiempos de funcionamiento de las unidades de enfriamiento, los ingenieros pueden precisar el punto exacto de falla. Este análisis por capas asegura que las acciones correctivas sean precisas y eficientes, minimizando tiempos de inactividad y esfuerzos desperdiciados.

El uso eficiente del BMS también requiere familiaridad con su interfaz y navegación. Las plataformas BMS suelen ofrecer una estructura de acceso jerárquica, proporcionando diferentes niveles de visibilidad y control según el rol del usuario. Los ingenieros deben ser competentes para navegar menús, filtrar datos, generar reportes personalizados e interpretar gráficos de tendencias con eficacia. La capacitación práctica —como simulacros que involucren la localización de puntos de datos específicos o la simulación de fallos en el sistema— es clave para dominar estas habilidades. En escenarios de emergencia, la capacidad de localizar rápidamente datos relevantes puede marcar la diferencia entre una recuperación ágil y outages prolongados.

En resumen, el Sistema de Gestión de Edificios es mucho más que una herramienta de monitoreo pasivo: actúa como el centro de mando de la infraestructura del centro de datos. Un ingeniero capacitado aprovecha el BMS no solo para detectar y responder a problemas, sino también para optimizar el rendimiento, mejorar la planificación y respaldar objetivos estratégicos a largo plazo. Dominar el BMS implica comprender su estructura, protocolos de comunicación y jerarquía de datos, así como aplicar pensamiento crítico para interpretar patrones complejos. A través de la capacitación, la experiencia y el compromiso continuo con el sistema, los ingenieros de instalaciones críticas se elevan de operadores pasivos a administradores proactivos de la confiabilidad y la eficiencia. Este dominio respalda directamente una mayor disponibilidad, un uso más inteligente de la energía y ahorros significativos a largo plazo: prioridades centrales en cualquier centro de datos exitoso.

Capítulo 2: Sistemas HVAC en centros de datos

Comprensión de los sistemas de refrigeración en centros de datos

La eliminación eficiente del calor es esencial para el funcionamiento continuo y confiable de un centro de datos. El equipo de TI genera una cantidad considerable de calor, y sin una refrigeración adecuada, el rendimiento del sistema y la continuidad del servicio se ven rápidamente comprometidos. Los ingenieros de instalaciones críticas necesitan comprender a fondo los tipos de sistemas de refrigeración disponibles, su funcionamiento y los problemas comunes de mantenimiento y resolución de averías que presentan. Esta sección destaca las tecnologías de refrigeración más utilizadas, con énfasis en aplicaciones prácticas del mundo real y las mejores prácticas operativas.

Unidades CRAC: la base de la refrigeración por aire

Los Acondicionadores de Aire para Salas de Computadoras (CRAC, por sus siglas en inglés) constituyen la base de la refrigeración en muchos centros de datos tradicionales. Estas unidades autónomas operan mediante un ciclo estándar de refrigeración, utilizando comúnmente refrigerantes como R-407A o alternativas más ecológicas y recientes. El calor se absorbe del aire de la sala y se expulsa al entorno exterior.

Una unidad CRAC estándar consta de varios componentes principales:

- Bobina evaporadora: donde el aire cálido del centro de datos transfiere su calor al refrigerante.

- Compresor: aumenta la presión y la temperatura del refrigerante.

- Bobina condensadora: libera el calor hacia el aire exterior.

- Válvula de expansión: regula el flujo y la presión del refrigerante en el sistema.

Los ventiladores de la unidad CRAC aspiran el aire cálido de la sala, lo hacen circular sobre la bobina evaporadora para el intercambio de calor y devuelven el aire enfriado al ambiente. Un diseño adecuado del flujo de aire es crucial para evitar ineficiencias y garantizar una refrigeración uniforme en todo el espacio.

Las unidades CRAC deben dimensionarse correctamente para ajustarse a la carga térmica del centro de datos. Unidades sobredimensionadas pueden generar desperdicio de energía por ciclos cortos, mientras que las subdimensionadas arriesgan el sobrecalentamiento del entorno de TI. Los factores de diseño incluyen las dimensiones de la sala, la densidad de los racks de TI y las condiciones ambientales.

La ubicación estratégica dentro de configuraciones de pasillos calientes y fríos favorece una distribución óptima del aire y previene puntos calientes. El mantenimiento regular —que incluye el reemplazo de filtros, la limpieza de bobinas y la verificación de los niveles de refrigerante— es esencial para maximizar la eficiencia y prolongar la vida útil del equipo. Un mantenimiento descuidado puede degradar rápidamente el rendimiento y provocar fallos en el sistema.

Unidades CRAH: eficiencia con agua fría

Los Manejadores de Aire para Salas de Computadoras (CRAH, por sus siglas en inglés) ofrecen una alternativa escalable a los sistemas CRAC. En lugar de depender de circuitos internos de refrigerante, las unidades CRAH se conectan a una planta centralizada de agua fría, utilizando este suministro externo para extraer el calor de la sala de servidores.

El aire cálido pasa a través de la unidad y sobre una bobina llena de agua fría. El calor se transfiere al agua, que luego regresa al chiller para su enfriamiento. Este sistema de circuito cerrado permite un control centralizado y suele mejorar la eficiencia energética en operaciones a gran escala.

Las consideraciones de diseño de las CRAH son similares a las de las CRAC, pero requieren una coordinación cuidadosa con el sistema de agua fría para garantizar el dimensionamiento adecuado y los caudales correctos. La efectividad de una instalación CRAH depende de mantener un flujo de agua constante, establecer puntos de consigna óptimos de temperatura y realizar un monitoreo continuo.

Las tareas de mantenimiento incluyen el cambio de filtros, la limpieza de bobinas y la inspección de válvulas y conexiones de agua fría en busca de fugas o problemas de flujo.

Elección entre sistemas CRAC y CRAH

La selección entre sistemas CRAC y CRAH depende del tamaño del centro de datos, el presupuesto de infraestructura y las necesidades de escalabilidad a largo plazo:

- Los centros de datos pequeños y medianos suelen preferir las CRAC por su operación independiente y menor costo inicial.

- Las instalaciones grandes se benefician generalmente de las CRAH integradas en una planta centralizada de agua fría, lo que ofrece mayor eficiencia y crecimiento modular.

Muchas instalaciones adoptan un enfoque híbrido, combinando ambas tecnologías para obtener resultados óptimos. Esto proporciona redundancia —si un sistema falla, el otro puede mantener condiciones de refrigeración aceptables— y permite equilibrar cargas dinámicamente durante mantenimientos o fluctuaciones de temperatura.

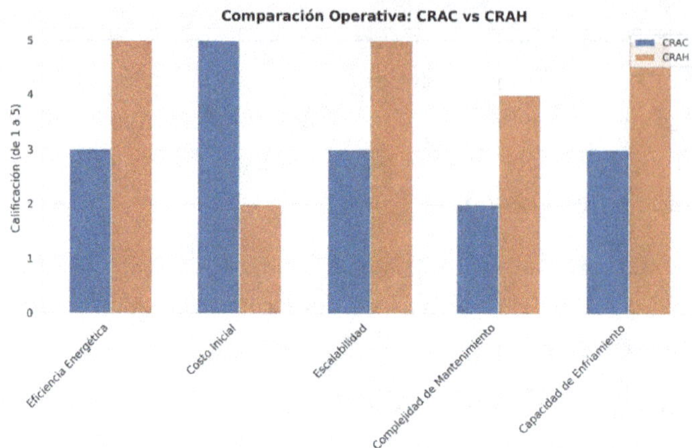

Enfriamiento líquido: tecnologías directas e inmersivas

Con el aumento de la densidad de racks y las cargas térmicas, los sistemas de enfriamiento líquido están ganando popularidad gracias a su alta eficiencia y diseño compacto. Estos sistemas proporcionan refrigeración por contacto directo, ya sea a nivel de componente o de servidor.

- Enfriamiento directo al chip: Utiliza bloques metálicos conductores para aplicar el refrigerante directamente sobre CPUs y GPUs. Este método elimina el calor en su origen, logrando un mejor rendimiento térmico, menores velocidades de ventilador y una operación más silenciosa.

- Enfriamiento por inmersión: Los componentes completos del servidor se sumergen en un fluido dieléctrico (no conductor). El calor es absorbido directamente por el líquido, que luego circula a través de intercambiadores de calor o chillers. Esta técnica permite densidades de enfriamiento extremadamente altas, frecuentemente requeridas en entornos de inteligencia artificial, computación de alto rendimiento (HPC) o minería de criptomonedas.

El enfriamiento líquido ofrece beneficios notables —mayor eficiencia, formato compacto y operación silenciosa—, pero también introduce desafíos únicos. El mantenimiento exige tuberías a prueba de fugas, sistemas robustos de detección de fugas y fluidos refrigerantes especializados que sean seguros, estables y compatibles con el hardware de TI. El personal debe recibir capacitación en procedimientos de manejo, incluyendo el servicio seguro y la disposición adecuada del refrigerante.

Optimización y resolución de problemas en sistemas de refrigeración en centros de datos

La selección de la tecnología de refrigeración adecuada es una decisión estratégica que influye directamente en la eficiencia operativa y los costos energéticos a largo plazo de un centro de datos. Factores como la densidad de carga de TI, la infraestructura física, las condiciones ambientales y las restricciones presupuestarias deben evaluarse cuidadosamente. Una estrategia de refrigeración efectiva también requiere un conocimiento profundo de las técnicas de gestión de flujo de aire. Sistemas como la contención de pasillos calientes y pasillos fríos son cruciales para dirigir el flujo de aire de manera eficiente, evitar la mezcla de aire caliente y frío, y mantener temperaturas consistentes en las salas de servidores. La implementación adecuada de estas estrategias conduce a un menor Power Usage Effectiveness (PUE) y a una reducción en el consumo energético.

Los elementos clave en la gestión de flujo de aire incluyen:

- Ubicación de las unidades CRAC/CRAH

- Orientación de los racks

- Uso de paneles ciegos y baldosas de piso

- Gestión adecuada del cableado

En conjunto, estos elementos aseguran una distribución equilibrada del aire y ayudan a eliminar puntos calientes, que pueden comprometer el rendimiento y la confiabilidad del equipo.

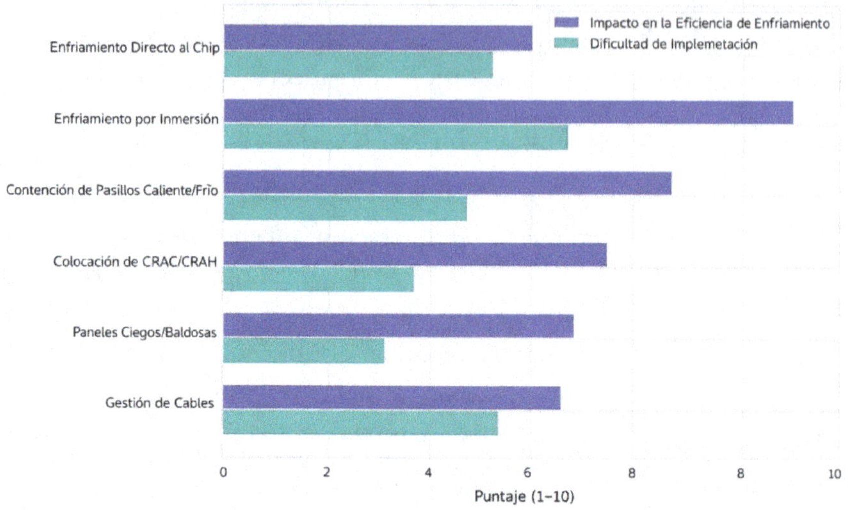

Resolución de problemas en sistemas de refrigeración

Cuando surgen problemas, un proceso estructurado de resolución de averías es fundamental. Los Sistemas de Gestión de Edificios (BMS) proporcionan datos en tiempo real sobre múltiples parámetros ambientales y de equipos —como temperatura, humedad, presión y flujo de aire—, permitiendo a los ingenieros aislar rápidamente la causa raíz.

Por ejemplo:

- Un aumento repentino de temperatura en un solo rack puede indicar una falla en una unidad CRAC, una obstrucción en el flujo de aire o incluso un servidor con rendimiento excesivo.

- Un incremento en la temperatura del agua fría podría señalar problemas en la planta de chillers o una caída en la eficiencia de las bombas.

- Lecturas anormales de humedad pueden apuntar a deriva del sensor, humidificadores con fugas o problemas de ventilación.

La resolución avanzada de problemas suele involucrar verificación física además del análisis del BMS. Los ingenieros pueden utilizar herramientas como cámaras termográficas, medidores de flujo de aire y manómetros para confirmar las indicaciones del BMS y localizar el problema con precisión.

Mantenimiento preventivo de sistemas de refrigeración

El mantenimiento proactivo es crucial para prevenir tiempos de inactividad y prolongar la vida útil del equipo. Las actividades programadas —como limpieza de bobinas, reemplazo de filtros, verificación de niveles de refrigerante e inspección de ventiladores— deben seguir las directrices del fabricante y adaptarse al historial operativo del sistema. Un Sistema Computarizado de Gestión del Mantenimiento (CMMS) puede rastrear los calendarios de mantenimiento, generar alertas y registrar la finalización de tareas para garantizar responsabilidad y consistencia.

Los beneficios del mantenimiento preventivo incluyen:

- Mayor eficiencia energética

- Menor riesgo de fallos repentinos

- Vida útil mejorada del equipo

- Mayor confiabilidad del sistema durante picos de demanda

La documentación de todas las inspecciones y acciones correctivas no solo respalda los esfuerzos continuos de optimización, sino que también asegura el cumplimiento de estándares internos y externos.

BMS y monitoreo en tiempo real para sistemas de refrigeración

El Sistema de Gestión de Edificios actúa como el centro de control digital de la infraestructura de refrigeración moderna. Recopila datos de una amplia gama de sensores y ofrece a los ingenieros vistas en tiempo real e históricas del rendimiento térmico de la instalación.

Los parámetros clave monitoreados a través del BMS incluyen:

- Temperatura en racks y en la sala

- Niveles de humedad

- Tasas de flujo de aire a través de los sistemas de contención

- Presión de refrigerante y tiempo de funcionamiento del compresor

- Flujo y temperatura del agua fría

Un panel de control bien diseñado del BMS permite a los ingenieros identificar tendencias y desviaciones rápidamente. Por ejemplo, si un solo rack reporta temperaturas elevadas mientras los demás permanecen estables, esto podría indicar una restricción localizada del flujo de aire, un ventilador en fallo o un sensor de temperatura defectuoso. Al aislar estos patrones, los ingenieros pueden identificar y resolver el problema antes de que se agrave. Más allá del monitoreo, el BMS debe activar alertas inteligentes basadas en umbrales personalizados. Estas alertas notifican al personal sobre anomalías potenciales —como reducción de flujo de aire, cuellos de botella en el agua fría o actividad inesperada del compresor— para que se tomen acciones correctivas de inmediato.

Percepciones más profundas a través de la correlación de datos

La interpretación efectiva de los datos del BMS exige comprender la naturaleza interconectada de los sistemas de refrigeración.

Por ejemplo:

- Un aumento en el tiempo de funcionamiento del compresor puede deberse a una bobina sucia, bajo nivel de refrigerante o degradación del motor.

- Una reducción del flujo de aire en un pasillo frío podría originarse en un panel desprendido, un haz de cables bloqueando una rejilla o incluso una disposición incorrecta de baldosas en el piso.

- Problemas en el suministro de agua fría podrían ser causados por acumulación de sarro en intercambiadores de calor, una bomba en fallo o sobrecarga por expansión de TI.

Estas percepciones ganan aún más valor cuando se correlacionan con los datos de carga de TI. Los picos en el consumo de energía suelen alinearse con un aumento en la producción térmica. Si los sistemas de refrigeración no responden adecuadamente, podría indicar capacidad insuficiente o una falla en la lógica de control.

El dominio de las tecnologías de refrigeración y su integración con plataformas BMS es una característica distintiva de un ingeniero de instalaciones críticas capacitado. Requiere:

- Un entendimiento profundo del diseño del sistema y la estrategia de flujo de aire

- Experiencia práctica en resolución de problemas y diagnóstico

- La disciplina para mantener un régimen robusto de mantenimiento preventivo

- La capacidad analítica para interpretar datos complejos y anticipar fallos

A medida que las demandas de refrigeración crecen con el aumento de la densidad y el rendimiento de los servidores, el aprendizaje continuo y la adaptación se vuelven esenciales. Al invertir en estas habilidades y tecnologías, los centros de datos pueden lograr un rendimiento óptimo, reducir costos y garantizar el funcionamiento ininterrumpido de la infraestructura crítica.

Resolución de problemas, mantenimiento y gestión de flujo de aire en sistemas de refrigeración

La resolución de problemas en sistemas de refrigeración de un centro de datos comienza con un enfoque sistemático basado en el monitoreo del BMS. Una vez detectada una anomalía —como un pico de temperatura, una caída en el flujo de aire o una alarma de equipo—, el ingeniero debe verificar las lecturas utilizando sensores físicos o herramientas de medición portátiles. Por ejemplo, si un rack muestra temperaturas elevadas, un termómetro portátil puede validar si el sensor está fallando o si existe un punto caliente real. Un flujo de aire bajo debe motivar una inspección inmediata de las rutas de aire en busca de obstrucciones, incluyendo cables mal ubicados, rejillas bloqueadas o problemas en la estructura de contención.

Verificar fugas de refrigerante o agua fría también es crítico, lo que requiere el uso de detectores especializados o manómetros, así como el aislamiento cuidadoso de componentes del sistema mediante procedimientos adecuados de bloqueo/etiquetado (LOTO) para garantizar la seguridad durante las reparaciones.

Abordar problemas de flujo de aire puede implicar la limpieza o el reemplazo de filtros de aire en unidades CRAC o CRAH, ya que los filtros obstruidos reducen significativamente la efectividad de la refrigeración. Es esencial verificar la velocidad del ventilador, la dirección del flujo de aire y el funcionamiento del motor utilizando controladores locales o interfaces del BMS. Si un motor de ventilador falla, se requiere un reemplazo inmediato para restaurar el flujo de aire. En casos complejos, como fugas de refrigerante o fallos mecánicos, puede ser necesario el apoyo del proveedor para realizar diagnósticos y reparaciones que excedan el mantenimiento básico interno.

El mantenimiento proactivo es la base de una infraestructura de refrigeración confiable. Los calendarios de mantenimiento deben incluir tareas rutinarias como limpieza de bobinas, verificaciones de refrigerante y reemplazo de filtros, realizadas en alineación con las directrices del fabricante y los datos históricos de rendimiento. La documentación exhaustiva de todo el mantenimiento completado —incluyendo el nombre del técnico, la fecha, los componentes atendidos y las piezas reemplazadas— facilita el análisis de tendencias e identifica signos tempranos de degradación del sistema. Este enfoque basado en datos permite el reemplazo dirigido de componentes envejecidos antes de que causen fallos inesperados, reduciendo significativamente el tiempo de inactividad no planificado y mejorando la eficiencia operativa.

Además del mantenimiento rutinario, las pruebas de rendimiento desempeñan un papel crucial para garantizar la resiliencia del sistema. Las pruebas de carga regulares simulan demandas térmicas máximas, verificando la capacidad de los sistemas CRAC, CRAH y chiller para mantener temperaturas óptimas bajo estrés. El monitoreo de métricas como la Efectividad del Uso de Energía (PUE) proporciona valiosas percepciones sobre la eficiencia del sistema. Ayuda a identificar degradaciones graduales en el rendimiento, ya sea por ensuciamiento de bobinas, ineficiencia del refrigerante o disminución del flujo de aire. La detección temprana mediante estas pruebas respalda intervenciones proactivas y prolonga la vida útil del equipo.

Una gestión efectiva de la refrigeración también requiere una estrecha coordinación con los equipos de TI. Monitorear el consumo de energía y comprender el perfil de carga de TI ayuda a predecir la producción de calor y las demandas de refrigeración. A medida que la infraestructura de TI se expande, la capacidad de refrigeración debe evaluarse y actualizarse para evitar cuellos de botella. Al alinear las capacidades de refrigeración con los planes de crecimiento de TI, los ingenieros pueden garantizar condiciones operativas estables y evitar estrés térmico en el equipo crítico.

Un plan integral de respuesta ante emergencias también es esencial. Este plan debe detallar procedimientos para fallos en los sistemas de refrigeración —incluyendo apagados de CRAC/CRAH, mal funcionamiento de la planta de chillers y cortes totales de energía—, así como roles designados, rutas de escalamiento e información de contacto de proveedores. Simulaciones y simulacros regulares aseguran que el personal esté preparado para ejecutar estos planes bajo presión. Una estrategia de respuesta efectiva reduce el tiempo de recuperación y limita el impacto de los fallos en las operaciones del negocio y los sistemas críticos de TI.

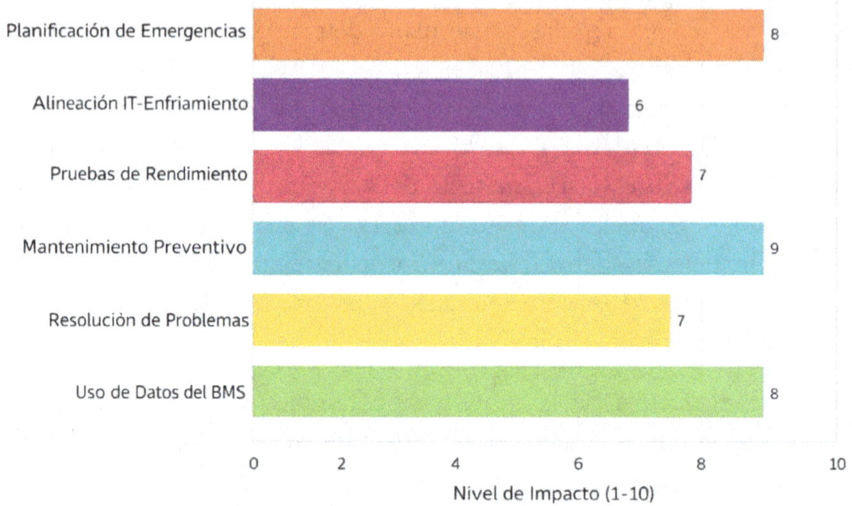

En conclusión, la gestión efectiva de los sistemas de refrigeración en centros de datos se basa en una combinación de monitoreo en tiempo real, mantenimiento preventivo, resolución de problemas reactiva y una planificación robusta de emergencias. El BMS ocupa un lugar central en este ecosistema, ofreciendo visibilidad completa sobre todos los aspectos del rendimiento de refrigeración. Cuando se combina con verificaciones prácticas, programación estratégica de mantenimiento y una colaboración interdepartamental sólida, este enfoque proactivo favorece una mayor disponibilidad del sistema, un menor consumo energético y una confiabilidad operativa mejorada.

Gestión de flujo de aire y estrategias de contención

Una gestión eficiente del flujo de aire es crítica para mantener condiciones ambientales ideales dentro de un centro de datos. Cuando el flujo de aire se dirige de manera deficiente, se generan puntos calientes, sistemas de refrigeración sobrecargados y posibles fallos en el equipo. La técnica más efectiva para controlar el flujo de aire es la estrategia de contención de pasillos calientes y fríos, que consiste en aislar la entrada de aire frío (ubicada en la parte frontal de los servidores) del escape de aire caliente (ubicado en la parte trasera). Esta separación física evita la mezcla de aire caliente y frío, mejorando significativamente la eficiencia de refrigeración.

El aire frío se suministra al pasillo frío —generalmente a través de baldosas perforadas o conductos dirigidos— y se aspira a través del equipo de TI, donde absorbe el calor. El aire caliente de escape se confina al pasillo caliente y se dirige de regreso a las unidades CRAC/CRAH o hacia el exterior de la instalación. Esta configuración mantiene una temperatura de entrada estable para los servidores, permitiendo que los sistemas de refrigeración operen con mayor eficiencia, incluso con temperaturas de retorno más altas.

La implementación efectiva de la contención va más allá de simples barreras físicas. Requiere una planificación detallada, que incluye la orientación y espaciamiento de los racks de servidores, la ubicación estratégica de las unidades de refrigeración y el sellado de espacios no utilizados en los racks con paneles ciegos. Un flujo de aire bien gestionado contribuye a un PUE más bajo, reduce los costos energéticos de refrigeración y aumenta la estabilidad general del sistema.

El monitoreo continuo asegura que la estrategia de contención siga siendo efectiva. Las herramientas del BMS proporcionan información sobre volúmenes de flujo de aire, diferencias de presión y gradientes de temperatura dentro de los pasillos calientes y fríos. Cualquier desviación del rendimiento óptimo —como lecturas bajas de flujo de aire o temperaturas de retorno en aumento— puede motivar una investigación sobre posibles obstrucciones, paneles dañados o disposiciones incorrectas del piso.

Gestión avanzada de flujo de aire e integración con sistemas de chillers

La selección e implementación de materiales de contención desempeñan un papel decisivo en la efectividad de la estrategia de gestión de flujo de aire de un centro de datos. Los paneles sólidos proporcionan una separación completa entre pasillos calientes y fríos, ofreciendo una contención superior y una eficiencia de refrigeración mejorada. Son especialmente efectivos en entornos de alta densidad donde las cargas térmicas son intensas. Los paneles perforados, aunque permiten cierta mezcla de flujos de aire, suelen ser más apropiados en entornos de menor densidad donde la reducción de eficiencia es un compromiso aceptable. Independientemente de la elección, la capacidad de flujo de aire debe considerarse cuidadosamente: materiales excesivamente restrictivos pueden obstaculizar el flujo y comprometer el rendimiento del sistema.

Los paneles ciegos son un elemento esencial en la gestión de flujo de aire. Estos paneles llenan los espacios vacíos en los racks para evitar que el aire frío pase de largo sin enfriar el equipo y escape hacia el pasillo caliente. Sin ellos, el sistema de contención pierde efectividad, generando recirculación de aire, refrigeración ineficiente y mayor consumo energético. Para garantizar un rendimiento óptimo, los paneles ciegos deben instalarse en todos los slots no utilizados de los racks y verificarse regularmente en cuanto a su colocación y estado físico.

Una gestión efectiva del flujo de aire también depende de la disposición espacial del equipo de TI y la infraestructura de refrigeración. El espaciamiento adecuado de los racks evita cuellos de botella y asegura un flujo de aire suave y sin obstrucciones desde las rutas de suministro hasta las de retorno. Todo el diseño del centro de datos debe planificarse para facilitar la entrega de aire frío a las entradas de TI y la extracción eficiente del escape de aire caliente. El análisis de Dinámica de Fluidos Computacional (CFD) se convierte en una herramienta poderosa para modelar el comportamiento del flujo de aire. Permite a los ingenieros simular diferentes disposiciones e identificar la configuración óptima para minimizar puntos calientes y caídas de presión, mejorando así la eficiencia general de refrigeración.

El monitoreo de la efectividad de las estrategias de flujo de aire es igualmente vital. Métricas clave, como temperatura, humedad y velocidad del flujo de aire, deben monitorearse en múltiples puntos de la instalación. Estos valores pueden registrarse mediante sensores ambientales y visualizarse a través de la interfaz del BMS. Por ejemplo, analizar las diferencias de temperatura entre pasillos calientes y fríos ofrece una visión inmediata del rendimiento de la contención. Diferenciales significativos indican una separación efectiva, mientras que diferencias mínimas suelen señalar fugas o flujo de aire insuficiente. Los sensores de flujo de aire ubicados en plenos bajo el piso o en conductos del techo también ayudan a detectar obstrucciones e ineficiencias.

Cuando surgen problemas de flujo de aire, la resolución de averías comienza con una inspección detallada. Fugas alrededor de baldosas de piso elevado, paneles ciegos dañados o brechas en las estructuras de contención son causas frecuentes y deben corregirse de inmediato. Si una inspección básica no identifica la causa raíz, se pueden emplear herramientas más avanzadas, como medidores de flujo de aire o sensores de presión diferencial, para localizar restricciones ocultas. En casos complejos, recurrir a especialistas externos en flujo de aire o técnicas de visualización con humo puede ofrecer una imagen más clara del comportamiento del flujo.

El mantenimiento rutinario es esencial para sostener un rendimiento óptimo del flujo de aire. Esto incluye la limpieza y el reemplazo de filtros de aire en unidades CRAC y CRAH, que, cuando se obstruyen, restringen severamente el flujo de aire y reducen la efectividad de la refrigeración. Mantener los sistemas de piso elevado —mediante la inspección de baldosas, sellos y cortes para cables— previene fugas de flujo de aire no controladas y asegura una entrega consistente de aire frío a las entradas de los servidores. Los registros de mantenimiento deben documentar todas las intervenciones, destacando problemas recurrentes y garantizando responsabilidad.

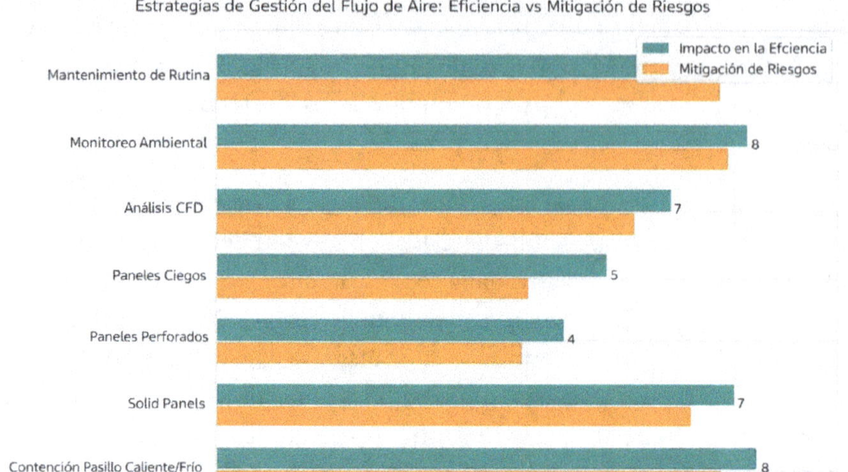

Las implicaciones de una mala gestión del flujo de aire van más allá de la mera ineficiencia. Los puntos calientes persistentes pueden generar estrés térmico en el hardware crítico, aumentando el riesgo de fallos prematuros en los componentes, corrupción de datos y tiempos de inactividad del sistema. Estos problemas no solo afectan la confiabilidad del servicio, sino que también incrementan los costos operativos. Además, compensar en exceso una mala circulación de aire con refrigeración desmedida provoca desperdicio energético y una mayor huella de carbono. Por ello, una gestión efectiva del flujo de aire no es solo una cuestión técnica: es un imperativo empresarial.

Para reforzar el conocimiento teórico, los ejercicios prácticos en gestión de flujo de aire resultan invaluables. Estos pueden incluir el diseño de disposiciones de contención para distintas densidades, la determinación de la ubicación óptima de unidades CRAC/CRAH y la simulación de flujos de aire mediante software de Dinámica de Fluidos Computacional (CFD). Al participar en escenarios de diseño y evaluación prácticos, los ingenieros pueden afinar su comprensión del comportamiento del flujo de aire y mejorar sus habilidades de toma de decisiones. Estos ejercicios respaldan un enfoque proactivo y basado en datos para la optimización del flujo de aire.

Parte integral de este ecosistema de refrigeración son los sistemas de chillers, que constituyen la columna vertebral de la refrigeración a gran escala en centros de datos. Los chillers suministran agua fría a las unidades CRAH, las cuales a su vez enfrían el aire que circula sobre los racks de servidores. Estos sistemas suelen constar de componentes clave como compresores, evaporadores, condensadores y válvulas de expansión, cada uno esencial para garantizar una transferencia térmica eficiente. El ciclo inicia cuando el agua de retorno caliente proveniente de las unidades CRAH ingresa al evaporador. Allí, el refrigerante absorbe el calor del agua, que se enfría y regresa a las unidades manejadoras de aire. El refrigerante calentado se comprime, se dirige al condensador y se enfría —mediante aire o agua— antes de reiniciar el ciclo.

Mantener el rendimiento de los chillers es prioritario. Las tareas rutinarias incluyen monitorear los niveles de refrigerante, inspeccionar los caudales de agua, probar sensores de presión y limpiar las superficies de los intercambiadores de calor. La acumulación de sarro o suciedad en el sistema puede reducir la eficiencia de transferencia térmica, mientras que desequilibrios en el flujo pueden generar enfriamiento desigual en toda la instalación. Por ello, se recomiendan evaluaciones periódicas de rendimiento y análisis de vibraciones en los componentes mecánicos para detectar problemas antes de que escalen a fallos del sistema.

El ingeniero de instalaciones críticas también debe comprender cómo el funcionamiento de los chillers se alinea con métricas más amplias de la instalación, como la Efectividad del Uso de Energía (PUE) y el consumo de agua. Esto implica optimizar puntos de consigna según las condiciones estacionales, implementar variadores de velocidad en bombas y compresores, y coordinar con los datos del BMS para programar la operación de los chillers de manera eficiente. Con herramientas avanzadas de DCIM y BMS, los ingenieros pueden rastrear en tiempo real las temperaturas de suministro y retorno de agua fría, ajustando parámetros operativos para reducir el consumo energético sin comprometer el rendimiento.

En resumen, la integración efectiva de la gestión de flujo de aire y los sistemas de chillers es crucial para mantener un centro de datos de alto rendimiento. Al comprender los matices de las estrategias de contención, la optimización del flujo de aire y el funcionamiento de los chillers, los ingenieros de instalaciones críticas pueden crear entornos que no solo preserven la confiabilidad de TI, sino que también apoyen la sostenibilidad operativa a largo plazo. A medida que las tecnologías de refrigeración evolucionan, mantenerse informado y con experiencia práctica sigue siendo clave para la excelencia en la gestión térmica de centros de datos.

Gestión de flujo de aire y sistemas de chillers en centros de datos

Una gestión efectiva del flujo de aire es un pilar fundamental de las operaciones eficientes en un centro de datos, ya que influye directamente en el rendimiento de refrigeración, la longevidad del equipo y el consumo energético. Sin una contención adecuada y un control direccional del flujo, las ineficiencias pueden generar puntos calientes, temperaturas operativas elevadas y posibles fallos en el hardware. La estrategia más ampliamente adoptada es la contención de pasillos calientes y fríos, que separa físicamente el aire frío entrante del escape caliente saliente, reduciendo así la mezcla y maximizando la eficiencia térmica. En esta configuración, el aire frío se dirige hacia la parte frontal de los racks de servidores, mientras que el aire caliente se extrae por la parte trasera, utilizando generalmente paneles sólidos o perforados según las necesidades de refrigeración y la densidad de racks. Los paneles sólidos ofrecen una mejor aislamiento en entornos de alta densidad, mientras que los perforados brindan flexibilidad en escenarios menos exigentes. Los paneles ciegos son críticos para sellar los espacios vacíos en los racks y prevenir la recirculación, asegurando que el aire frío se utilice de manera eficiente y no se desperdicie.

El diseño de las rutas de flujo de aire requiere mucho más que una simple separación física. La disposición del equipo, el espaciamiento de los racks y la colocación de baldosas desempeñan roles esenciales en la optimización del movimiento del aire. Un espaciamiento inadecuado puede generar cuellos de botella o distribución desigual, lo que afecta el rendimiento de las unidades de refrigeración como CRAC (Acondicionadores de Aire para Salas de Computadoras) y CRAH (Manejadores de Aire para Salas de Computadoras). El modelado por Dinámica de Fluidos Computacional (CFD) se emplea frecuentemente durante el diseño y la remodelación para simular el flujo de aire e identificar ineficiencias antes de la implementación física. Tras la instalación, la efectividad de las estrategias de flujo de aire debe monitorearse mediante sensores ambientales y datos del Sistema de Gestión de Edificios (BMS). El seguimiento de parámetros como las diferencias de temperatura entre pasillos fríos y calientes ofrece retroalimentación valiosa sobre el rendimiento de los sistemas de contención. Brechas estrechas de temperatura pueden indicar fugas de aire o sellado inadecuado, mientras que diferencias amplias sugieren una separación exitosa y una remoción óptima de calor.

Cuando se detectan anomalías en el flujo de aire, la resolución de problemas comienza con una inspección exhaustiva de la infraestructura de contención. Fugas en baldosas de piso elevado, paneles ciegos desalineados o paneles dañados pueden comprometer los patrones de flujo. En estos casos, corregir los problemas físicos suele restaurar el equilibrio térmico. Cuando las incidencias persisten, herramientas como medidores de presión diferencial y cámaras termográficas ayudan a identificar causas ocultas.

Los filtros de aire en las unidades CRAC/CRAH también requieren atención: los filtros obstruidos reducen el flujo de aire, aumentan el consumo energético y disminuyen la capacidad de refrigeración. La limpieza o reemplazo regular, conforme a las directrices del fabricante, es esencial. Mantener los pisos elevados también contribuye a la confiabilidad del flujo de aire: baldosas dañadas o juntas rotas pueden permitir fugas de aire, socavando la efectividad de la contención.

Más allá del flujo de aire, comprender los sistemas de chillers es fundamental para gestionar infraestructuras de refrigeración a gran escala. Los centros de datos suelen emplear dos tipos principales: chillers de absorción y chillers centrífugos. Los chillers de absorción utilizan calor —a menudo proveniente de vapor o fuentes de calor residual— para impulsar un ciclo termodinámico que involucra un refrigerante y un absorbedor, típicamente bromuro de litio. El proceso incluye el generador, el absorbedor, el evaporador y el condensador, formando un ciclo continuo que produce agua fría. Estos chillers son altamente eficientes en entornos con abundante calor residual. Sin embargo, una reducción en la entrada de calor puede disminuir el rendimiento, por lo que es esencial monitorear de cerca la fuente de calor y el flujo.

Los chillers centrífugos, por su parte, dependen de compresores mecánicos para ciclar el refrigerante a través de un circuito de alta eficiencia que comprende compresor, condensador, válvula de expansión y evaporador. Estos sistemas son ideales para cargas de refrigeración grandes, ofreciendo un excelente rendimiento a escala. Indicadores clave de rendimiento como niveles de presión, diferencias de temperatura y vibraciones del compresor deben rastrearse de forma rutinaria.

Problemas como fugas de refrigerante o temperaturas crecientes en el condensador suelen manifestarse como desviaciones en estas lecturas. Un diagnóstico adecuado requiere un entendimiento profundo de todo el ciclo de refrigerante y la capacidad de conectar los datos de los sensores con el rendimiento mecánico. Las verificaciones preventivas —como el monitoreo de corrientes operativas y la evaluación de la integridad del compresor— son clave para evitar fallos catastróficos.

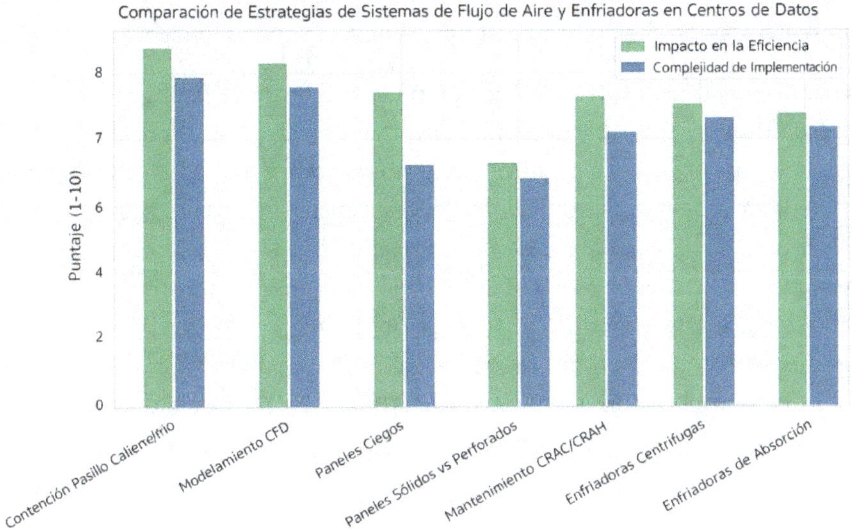

Un elemento crítico de apoyo en cualquier sistema de chillers es el tratamiento del agua. El agua no tratada o mal tratada provoca acumulación de sarro y corrosión, lo que reduce la transferencia térmica y daña los componentes internos. La dosificación química para ablandar el agua e inhibir la corrosión debe controlarse con precisión y monitorearse de forma continua mediante muestreos y análisis de laboratorio. Descuidar este aspecto no solo acorta la vida útil de los chillers, sino que también pone en riesgo la infraestructura asociada, incluidas bombas, válvulas y tuberías.

El monitoreo exhaustivo es esencial para el éxito operativo tanto de los sistemas de flujo de aire como de los chillers. Los chillers modernos se integran con sistemas de control avanzados que proporcionan métricas en tiempo real sobre caudales, consumo energético y rendimiento del sistema. Estos datos permiten a los ingenieros identificar tendencias, predecir fallos e iniciar mantenimientos oportunos. En paralelo, el BMS recopila información de toda la instalación —flujo de aire, temperaturas, puntos de presión—, ofreciendo una visión holística del rendimiento de refrigeración. Las alertas activadas por valores anormales pueden anticipar tiempos de inactividad al impulsar acciones correctivas tempranas.

Cuando se producen fallos, la resolución sistemática de problemas resulta imprescindible. Una baja producción del chiller, por ejemplo, puede originarse en problemas como carga insuficiente de refrigerante, una bomba defectuosa o ensuciamiento del condensador. Los ingenieros deben evaluar primero las desviaciones en los datos monitoreados y, a continuación, inspeccionar físicamente los componentes en busca de signos de desgaste o avería. La detección de fugas, las verificaciones de integridad eléctrica y las pruebas de rendimiento ayudan a aislar las causas raíz. La documentación —incluyendo esquemas visuales y diagramas de diagnóstico— facilita enormemente estos esfuerzos al agilizar la toma de decisiones y acelerar la recuperación.

En conclusión, la refrigeración eficiente de un centro de datos depende de la integración de una gestión avanzada del flujo de aire y una infraestructura robusta de chillers. El dominio de ambos ámbitos, junto con el monitoreo en tiempo real y el mantenimiento preventivo, permite a los ingenieros de instalaciones críticas garantizar la máxima disponibilidad, eficiencia energética y longevidad del hardware.

A medida que las demandas de refrigeración aumentan junto con la densidad de los racks, un enfoque proactivo y basado en sistemas seguirá siendo esencial para asegurar que los centros de datos modernos operen de manera fluida y sostenible.

Mantenimiento preventivo de chillers y sistemas HVAC en centros de datos

El mantenimiento regular constituye la base para sostener el rendimiento y la confiabilidad de los sistemas de chillers en un centro de datos. Estos sistemas, que a menudo operan de forma continua bajo alta demanda, requieren inspecciones programadas, limpieza y servicio de componentes para funcionar de manera efectiva. Un programa de mantenimiento sólido incluye tareas rutinarias como el reemplazo de filtros, la lubricación de partes móviles, inspecciones visuales y pruebas funcionales de componentes clave como bombas, ventiladores y válvulas. Para garantizar consistencia y responsabilidad, debe establecerse un calendario detallado de mantenimiento y seguirse rigurosamente.

Este calendario debe detallar la naturaleza de cada tarea, su frecuencia requerida, los protocolos de seguridad necesarios y los pasos procedimentales específicos. Solo personal calificado, capacitado tanto en el funcionamiento del sistema como en seguridad laboral, debe realizar estas actividades. La documentación exhaustiva de cada intervención de mantenimiento —incluyendo hallazgos, piezas reemplazadas y cualquier anomalía— sirve como referencia histórica y herramienta predictiva, permitiendo a los equipos del centro de datos reconocer tendencias de rendimiento e intervenir tempranamente. El mantenimiento regular no solo prolonga la vida útil del sistema de chillers, sino que también mejora la eficiencia energética, minimiza el riesgo de fallos y reduce el impacto financiero de los tiempos de inactividad no planificados.

En un sentido más amplio, el mantenimiento preventivo es una necesidad estratégica para todos los sistemas HVAC que operan en centros de datos. La falta de implementación de estos programas puede desencadenar fallos en cadena, interrupciones en el centro de datos y gastos de capital innecesarios. Un plan integral de mantenimiento preventivo comienza con un calendario adaptado que considera los tipos de equipo, los factores ambientales y las recomendaciones del fabricante. Por ejemplo, una instalación en una región húmeda puede requerir reemplazos de filtros de aire más frecuentes que una en clima templado debido a una mayor acumulación de partículas.

Este calendario debe abarcar diversas actividades de mantenimiento, incluyendo inspecciones visuales, verificaciones de flujo de aire, limpieza de bobinas y comprobación de conexiones eléctricas. Al registrar cada tarea completada y vincular estos registros con el rendimiento del sistema, los ingenieros pueden identificar problemas emergentes y ajustar el calendario de mantenimiento de forma proactiva. Esta recopilación organizada de datos también permite el análisis de tendencias, revelando cambios sutiles en el comportamiento del sistema que pueden indicar fallos inminentes.

Las inspecciones visuales son un pilar fundamental de este enfoque preventivo. Realizadas a intervalos regulares, consisten en examinar todos los componentes HVAC en busca de signos tempranos de desgaste, fugas, daños o comportamientos inusuales. Las áreas de atención específica incluyen corrosión en bobinas, integridad de correas, alineación de poleas, estado del cableado eléctrico y limpieza de partes móviles como ventiladores. Los ingenieros deben documentar minuciosamente los resultados de las inspecciones, complementando las notas escritas con fotografías de alta resolución de los componentes afectados. Esta evidencia visual resulta invaluable para diagnosticar problemas recurrentes y verificar la condición del equipo a lo largo del tiempo.

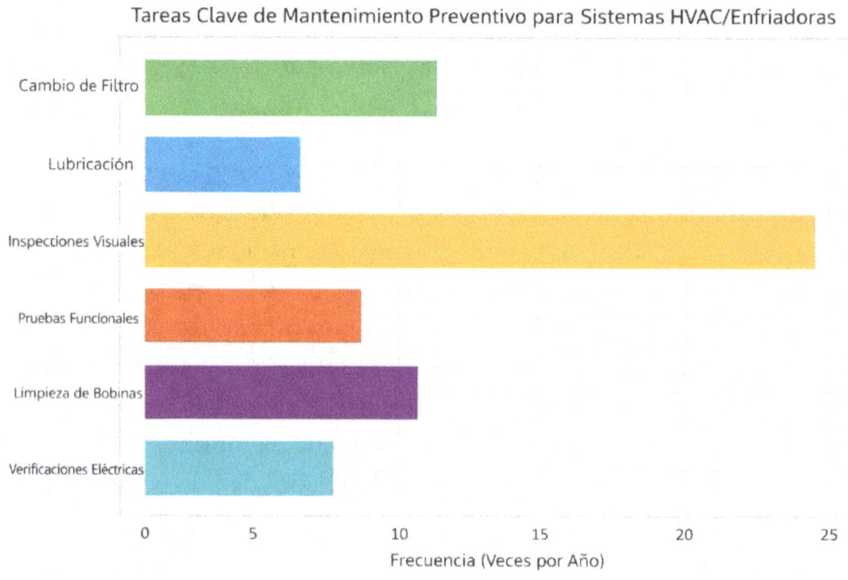

Los filtros de aire, aunque a menudo pasados por alto, son críticos para mantener un rendimiento óptimo del sistema. Estos filtros actúan como la primera línea de defensa contra contaminantes transportados por el aire que pueden reducir el flujo de aire y la eficiencia. La frecuencia de reemplazo de los filtros depende de factores como la limpieza ambiental, el tipo de filtro utilizado y las horas operativas de las unidades HVAC.

Independientemente de estas variables, todo reemplazo de filtros debe comenzar con un estricto cumplimiento de los protocolos de bloqueo/etiquetado (LOTO) para evitar arranques accidentales durante el servicio. Una vez que el sistema está desenergizado de forma segura, los técnicos pueden acceder a la carcasa del filtro —diseñada generalmente para un acceso rápido— y sustituir los filtros. Los filtros usados deben desecharse conforme a las normativas ambientales locales para evitar contaminación o incumplimientos regulatorios.

Otro componente vital del mantenimiento HVAC es la limpieza de elementos clave del sistema, como bobinas de enfriamiento, bobinas condensadoras y conjuntos de ventiladores. Con el tiempo, estas partes acumulan polvo y residuos que restringen el flujo de aire y reducen la eficiencia del intercambio térmico. Los procedimientos de limpieza varían según el componente y el grado de contaminación. Las bobinas de enfriamiento suelen requerir soluciones limpiadoras no corrosivas y cepillos de cerdas suaves, mientras que las bobinas condensadoras pueden beneficiarse de chorros de agua a alta presión o aire comprimido. Antes de iniciar cualquier actividad de limpieza, los sistemas deben apagarse y bloquearse adecuadamente, y los técnicos deben usar el equipo de protección personal (EPP) apropiado, especialmente al manejar agentes químicos o herramientas presurizadas. Tras la limpieza, cada componente debe inspeccionarse en busca de daños en aletas, sellos o juntas, y verificarse para confirmar la restauración de su funcionalidad.

La lubricación de motores es otra parte importante, aunque a menudo descuidada, del mantenimiento preventivo. Los motores HVAC, especialmente los que impulsan ventiladores y bombas, se desgastan más rápidamente debido al uso continuo. La lubricación regular reduce la fricción, previene el sobrecalentamiento y contribuye a prolongar la vida útil del motor. Los técnicos deben seguir las instrucciones específicas del fabricante respecto al tipo de lubricante adecuado y los intervalos correctos. Sobrelubricar o utilizar productos incompatibles puede dañar las piezas del motor, al igual que la negligencia puede provocar fallos en los rodamientos y desperdicio energético. Como siempre, deben seguirse los procedimientos adecuados de bloqueo/etiquetado antes de cualquier trabajo de lubricación o mecánico.

En conclusión, los sistemas de chillers y la infraestructura HVAC requieren no solo comprensión técnica, sino también una ejecución disciplinada de los protocolos de mantenimiento. Establecer y seguir un calendario integral de mantenimiento preventivo asegura un rendimiento óptimo, reduce la probabilidad de fallos críticos y ayuda a mantener un entorno operativo seguro. La recopilación y análisis de datos de mantenimiento, combinados con inspecciones visuales y pruebas de equipo, permiten a los ingenieros de centros de datos adoptar un enfoque proactivo. Las inversiones en capacitación, documentación y cumplimiento de normas de seguridad se traducen finalmente en menos interrupciones, menores costos y una instalación más resiliente y eficiente.

El mantenimiento preventivo va más allá de tareas rutinarias como el reemplazo de filtros y la limpieza. También incluye la inspección y el mantenimiento de otros componentes dentro del sistema HVAC. Esto puede implicar verificar los niveles de refrigerante en sistemas de refrigeración, inspeccionar correas y poleas en busca de desgaste, confirmar el funcionamiento correcto de sensores y controladores, y probar mecanismos de seguridad, como interruptores de apagado de emergencia.

El monitoreo regular de parámetros del sistema —como temperatura y presión— mediante el Sistema de Gestión de Edificios (BMS) proporciona valiosas percepciones sobre el rendimiento y ayuda en la detección temprana de problemas potenciales. Las tendencias identificadas en los datos del BMS pueden indicar fallos inminentes o la necesidad de ajustes en el calendario de mantenimiento. Este monitoreo proactivo reduce significativamente la probabilidad de averías inesperadas, permitiendo intervenciones oportunas.

La efectividad de un programa de mantenimiento preventivo depende en gran medida de un registro meticuloso. Un registro bien mantenido que detalle todas las actividades de mantenimiento realizadas —incluyendo fecha, hora, tareas específicas ejecutadas, piezas reemplazadas y cualquier observación— resulta crucial para un seguimiento y análisis efectivos. Este registro detallado ayuda a identificar tendencias, anticipar problemas potenciales y demostrar cumplimiento con estándares y regulaciones de la industria.

Los datos contenidos en el registro también pueden utilizarse para optimizar el calendario de mantenimiento, asegurando un uso eficiente de los recursos y manteniendo el programa proactivo. Mantener un registro exhaustivo respalda asimismo la justificación de los gastos en mantenimiento y demuestra un compromiso con operaciones eficientes y confiables en el centro de datos. Al implementar un calendario bien definido, realizar inspecciones regulares, ejecutar diligentemente las tareas de mantenimiento y mantener registros meticulosos, los ingenieros de centros de datos pueden reducir significativamente los tiempos de inactividad, prolongar la vida útil del equipo y optimizar el rendimiento general del sistema.

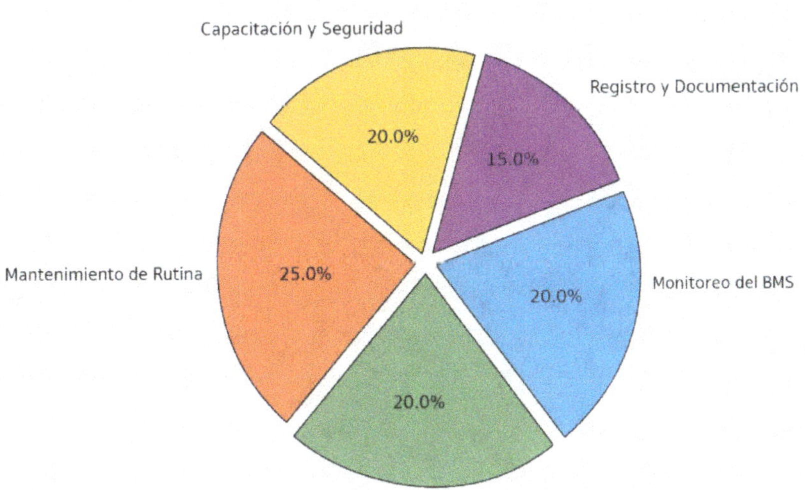

Este enfoque proactivo no solo protege la integridad de la infraestructura crítica de TI, sino que también genera ahorros significativos a largo plazo.

Invertir en capacitación e implementar un programa de mantenimiento sólido se traduce, en última instancia, en una operación de centro de datos más confiable, eficiente y rentable.

Recuerde que la seguridad es prioritaria en todos los procedimientos de mantenimiento. Siempre siga los procedimientos adecuados de bloqueo/etiquetado (LOTO), utilice el equipo de protección personal (EPP) necesario y respete las instrucciones del fabricante para garantizar la seguridad del personal y la integridad del equipo.

Capítulo 3: Sistemas UPS y distribución de energía

Comprensión de los sistemas de Alimentación Ininterrumpida (UPS)

El dominio de los sistemas de Alimentación Ininterrumpida (UPS, por sus siglas en inglés) es fundamental para cualquier ingeniero de instalaciones críticas, ya que estos sistemas constituyen la columna vertebral de la continuidad y confiabilidad energética en los centros de datos. Durante fallos o fluctuaciones de la red eléctrica, los UPS proporcionan respaldo inmediato, protegiendo el equipo sensible de TI contra daños y garantizando una operación continua. Un sólido entendimiento de las arquitecturas de UPS —en línea, offline y línea interactiva— y de sus principios operativos permite a los ingenieros tomar decisiones informadas y adaptadas a las necesidades específicas de cada centro de datos.

Clasificaciones y arquitecturas de sistemas UPS

El sistema más robusto es el UPS en línea, considerado frecuentemente el estándar de la industria en protección energética. Este sistema opera convirtiendo continuamente la energía alterna entrante a continua mediante un rectificador, almacenándola en una batería y luego reconvirtiéndola a alterna a través de un inversor antes de entregarla a la carga. Este proceso de doble conversión continua asegura que los dispositivos conectados reciban energía limpia y aislada, libre de picos de voltaje, caídas de tensión o variaciones de frecuencia. En caso de fallo en la red eléctrica, no existe tiempo de transferencia: la batería suministra energía al inversor de forma inmediata, garantizando alimentación ininterrumpida a la carga. Los sistemas UPS en línea son ideales para entornos críticos, como centros de datos a gran escala, hospitales e instituciones financieras, donde incluso fluctuaciones momentáneas de energía resultan inaceptables. Su diseño modular permite escalabilidad y mantenimiento en caliente (hot-swap), reduciendo el tiempo de inactividad del sistema y facilitando la expansión de la capacidad energética conforme crecen las necesidades de infraestructura. A pesar de su mayor costo inicial y consumo energético, los UPS en línea modernos incorporan tecnologías de alta eficiencia que reducen los costos operativos y el impacto ambiental.

En contraste, los sistemas UPS offline (de espera) ofrecen un enfoque más simple y económico. En condiciones normales, la energía fluye directamente desde la red eléctrica al equipo, pasando por alto el inversor. El sistema monitorea la línea de entrada y, al detectar una falla o apagón, activa la batería y el inversor para suministrar energía a la carga.

Aunque este cambio suele ocurrir en pocos milisegundos, esa breve interrupción puede afectar a electrónicos sensibles o provocar pérdida de datos en ciertas aplicaciones. Por esta razón, los sistemas offline son más adecuados para entornos donde el equipo tolera mejor las interrupciones de energía, como pequeñas oficinas, estaciones de trabajo domésticas o sistemas básicos de punto de venta. Su arquitectura sencilla facilita la implementación y el mantenimiento, y ofrecen una notable eficiencia energética cuando la calidad de la energía es estable.

Entre estos dos extremos se sitúa el UPS línea interactiva, que representa un punto intermedio en cuanto a costo, complejidad y nivel de protección. Este sistema incorpora un regulador de voltaje integrado que compensa activamente pequeñas caídas y picos de tensión, eliminando la necesidad de recurrir a la batería. Utiliza un transformador y un inversor que permanecen en modo de espera hasta que ocurren perturbaciones significativas. Cuando es necesario, el sistema cambia rápidamente a modo batería, con un tiempo de transferencia generalmente más corto que en los modelos offline.

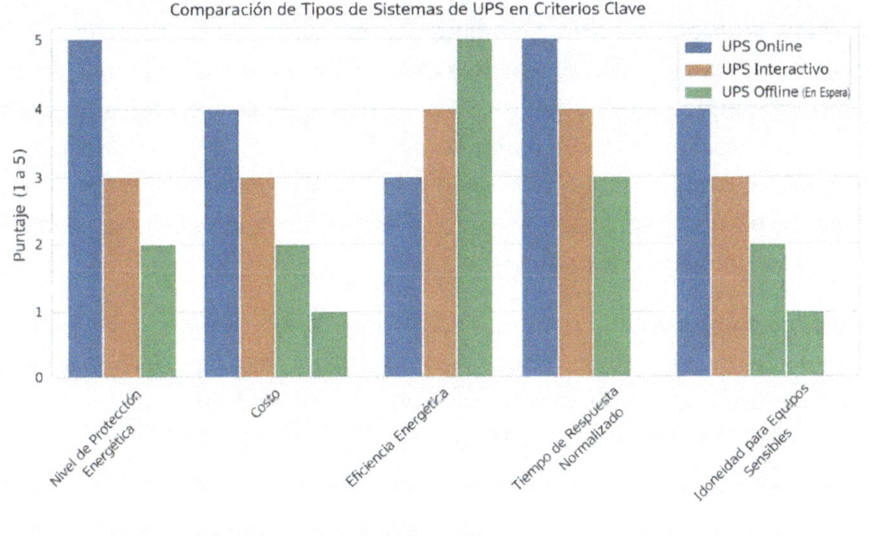

Esto hace que los sistemas línea interactiva sean adecuados para salas de servidores pequeñas o medianas o para armarios de red, donde la calidad de la energía puede ser inconsistente, pero la continuidad absoluta del servicio no es tan crítica como en centros de datos empresariales. Estos sistemas ofrecen un equilibrio atractivo: mayor protección que los UPS offline a un costo considerablemente inferior al de los sistemas en línea completos, lo que los convierte en la opción ideal para aplicaciones moderadamente sensibles y entornos con limitaciones presupuestarias.

Escalabilidad, redundancia y topologías avanzadas

Más allá de la clasificación funcional, los sistemas UPS difieren significativamente en cuanto a capacidad y configurabilidad. Las instalaciones más grandes suelen adoptar arquitecturas UPS modulares, que incorporan múltiples módulos de potencia intercambiables dentro de un solo bastidor. Estos permiten una escalabilidad fluida: se pueden añadir módulos adicionales a medida que crece la demanda de energía, sin necesidad de reemplazar todo el sistema. Este enfoque ofrece una mayor facilidad de servicio, ya que los módulos fallidos pueden sustituirse rápidamente sin interrumpir la operación general.

Sin requerir la sustitución de la unidad completa, los UPS modulares permiten configuraciones redundantes como N+1, N+2 o incluso 2N, ampliamente empleadas en entornos de alta disponibilidad. Estos sistemas enlazan múltiples módulos UPS para distribuir la carga, incrementando tanto la capacidad como la redundancia. En caso de fallo de uno de los módulos, el resto continúa suministrando energía sin interrupción, lo que proporciona una tolerancia excepcional a fallos y una resiliencia superior en el mantenimiento en caliente.

Esta arquitectura modular se ha convertido en la opción preferida para centros de datos empresariales y de misión crítica, ya que combina escalabilidad, facilidad de servicio y alta disponibilidad sin comprometer la continuidad del suministro eléctrico.

Comparación de Topologías de UPS Avanzadas

Topología de UPS	Características Clave	Escalabilidad	Opciones de Redundancia	Casos de Uso Ideales
UPS Modular	Módulos de alimentación intercambiables en caliente, compactos	Alta—agregar módulos según sea necesario	N+1, N+2	Crecimiento de centros de datos, IT empresarial y co-ubicación
UPS Paralelo	Múltiples unidades UPS completas	Alta—agregar	N+1, 2N, 2(N+1)	Misión crítica
UPS Independiente	Capacidad fija, diseño tradicional de una sola unidad	Baja—debe reemplazar para expandir	Limitadas o nulas	Pequeñas y medianas oficinas, sucursales

Consideraciones operativas y despliegue

La selección del UPS apropiado implica evaluar no solo los requisitos de potencia, sino también el presupuesto, la infraestructura existente y los planes de crecimiento a largo plazo. Los UPS en línea ofrecen el mayor nivel de protección, pero consumen más energía y generan mayores costos operativos que los sistemas offline o línea interactiva. Por ello, es esencial equilibrar el nivel deseado de protección con la eficiencia energética y el costo total de propiedad.

Los UPS modulares y en paralelo destacan por su flexibilidad práctica: permiten adaptar la capacidad de forma dinámica según las demandas de carga y servicio, añadiendo o retirando módulos sin interrupciones significativas. Esta capacidad de escalabilidad en caliente resulta especialmente valiosa en centros de datos en expansión o con cargas variables.

Para garantizar una operación confiable, los UPS deben integrarse con los Sistemas de Gestión de Edificios (BMS) y, en muchos casos, con plataformas de Gestión de Infraestructura de Centros de Datos (DCIM). Esta integración permite el monitoreo en tiempo real del estado de la batería, la carga, las temperaturas y las alarmas, facilitando una respuesta rápida ante cualquier anomalía.

El mantenimiento preventivo es igualmente crítico: las pruebas regulares de baterías, la verificación de la carga, la inspección térmica de componentes y la sustitución programada de baterías antes de que alcancen su fin de vida útil son esenciales para evitar fallos catastróficos durante un evento real de pérdida de energía. Un programa disciplinado de pruebas y reemplazos, respaldado por registros detallados, minimiza el riesgo de interrupciones inesperadas y asegura que el sistema UPS cumpla su función crítica cuando más se necesita.

Componentes de los sistemas UPS, monitoreo y resolución de problemas

Un sistema de Alimentación Ininterrumpida (UPS) completamente funcional depende de la interacción fluida de sus componentes principales, cada uno cumpliendo un rol crítico para garantizar la entrega continua de energía. En la entrada, el rectificador convierte la corriente alterna (AC) proveniente de la red eléctrica en corriente continua (DC), que carga el banco de baterías y alimenta al inversor. Durante una perturbación o corte de energía, el inversor toma energía de la batería y la convierte de nuevo en AC limpia para la carga conectada, asegurando el funcionamiento ininterrumpido del equipo sensible de TI.

La unidad de control actúa como el cerebro del UPS, monitoreando continuamente parámetros del sistema —voltaje de entrada, salud de la batería y potencia de salida— y gestionando las transiciones entre fuentes de energía. Garantiza cambios suaves entre la red principal y el respaldo, respondiendo de inmediato a fluctuaciones de voltaje o apagones. Además, los interruptores de bypass permiten redirigir la energía alrededor del UPS para mantenimiento o en caso de fallo del sistema. Estos deben operarse con extrema precaución y siguiendo estrictos protocolos de seguridad, ya que suelen involucrar circuitos eléctricos en vivo. La integración estratégica de estos componentes forma un sistema de entrega de energía resiliente capaz de proteger la infraestructura crítica bajo una amplia gama de condiciones.

Seleccionar el sistema UPS adecuado requiere más que elegir una topología: exige atención cuidadosa al dimensionamiento, la integración y el mantenimiento continuo. La planificación de capacidad es esencial; el sistema debe satisfacer no solo las demandas actuales de carga de TI, sino también prever un crecimiento futuro potencial.

Una integración adecuada en la red general de distribución de energía asegura equilibrio de cargas y redundancia, elementos clave para evitar puntos únicos de fallo. Las rutinas de mantenimiento, incluyendo reemplazos programados de baterías y actualizaciones de firmware, deben seguirse de manera consistente para sostener la confiabilidad a largo plazo. Incumplir estas mejores prácticas incrementa el riesgo de interrupciones no planificadas y eleva los costos operativos por fallos de equipo o disrupciones del servicio.

La decisión de optar por una arquitectura específica de UPS —ya sea offline, línea interactiva o en línea modular— debe alinearse con las necesidades únicas de la instalación. Factores como la tolerancia al riesgo, la sensibilidad de la carga, el presupuesto y la estabilidad esperada de la energía influyen en la elección. Configuraciones más pequeñas pueden encontrar protección suficiente con sistemas línea interactiva u offline, mientras que entornos empresariales grandes requieren sistemas en línea modulares o en paralelo para soportar operaciones de alta disponibilidad. Independientemente de la configuración, un UPS representa una inversión estratégica. Una selección bien informada y basada en datos asegura resiliencia, escalabilidad y rendimiento a largo plazo alineados con los objetivos organizacionales.

Monitoreo y mantenimiento de sistemas UPS

La operación confiable de un UPS depende no solo de su diseño, sino también de un monitoreo activo y un mantenimiento exhaustivo. El monitoreo efectivo incluye recolección de datos en tiempo real, mantenimiento preventivo y resolución de problemas dirigida. Los sistemas UPS modernos incorporan diagnósticos avanzados y funciones de alarma que ofrecen una visión inmediata de la salud del sistema. Estas capacidades permiten a los ingenieros identificar problemas emergentes con anticipación, responder rápidamente y prevenir interrupciones prolongadas.

Las alarmas constituyen la primera línea de defensa para detectar anomalías. Pueden variar desde advertencias no críticas —como fluctuaciones de temperatura o fallos de ventiladores— hasta alertas críticas, como fallos del inversor o problemas de descarga de batería. Interpretar correctamente estas alarmas depende de comprender la documentación del sistema y los códigos de error, que detallan la naturaleza, urgencia y respuestas necesarias para cada incidencia. Por ejemplo, una alarma de bajo voltaje en la batería podría indicar baterías envejecidas o problemas de carga, lo que motiva una inspección y posible reemplazo. En cambio, un fallo del inversor exige acción inmediata, como transferir la carga al modo bypass o activar sistemas redundantes.

El mantenimiento de baterías es quizás el aspecto más crítico de la confiabilidad del UPS. Tradicionalmente se han utilizado baterías de plomo-ácido; sin embargo, las tecnologías de ion-litio están ganando terreno por su mayor vida útil, menores necesidades de mantenimiento y mejor desempeño en diversas condiciones de temperatura. La salud de la batería se evalúa mediante verificaciones de voltaje, pruebas de impedancia y pruebas de carga completa, siendo esta última la medida más precisa de la capacidad real en condiciones operativas. Los intervalos de pruebas rutinarias se basan en las recomendaciones del fabricante y factores operativos como temperatura ambiente, edad y características de carga. Omitir estas pruebas puede ocultar vulnerabilidades hasta que ocurra un fallo.

Las actividades de prueba y mantenimiento deben seguir estrictos protocolos de seguridad. Los sistemas UPS operan a altos voltajes, y un manejo inadecuado puede causar lesiones graves o daños al equipo. Los procedimientos de bloqueo/etiquetado (LOTO) deben aplicarse durante el mantenimiento, y los técnicos deben usar equipo de protección personal (EPP), herramientas aislantes y señalización adecuada para mantener un entorno de trabajo seguro. Las inspecciones visuales en busca de corrosión, hinchazón o fugas complementan las pruebas eléctricas y ayudan a identificar baterías próximas al final de su vida útil antes de que comprometan la confiabilidad del sistema.

Las herramientas de monitoreo remoto desempeñan un rol cada vez más importante al permitir a los ingenieros acceder a datos de rendimiento y alarmas del UPS desde cualquier ubicación. Estas herramientas se integran con los Sistemas de Gestión de Edificios (BMS) y ofrecen paneles que muestran métricas de calidad de energía, tendencias históricas y datos de fallos en tiempo real. El análisis de tendencias permite correlacionar la degradación de baterías con condiciones ambientales o cambios de carga, proporcionando percepciones predictivas que mejoran la planificación del mantenimiento.

En resumen, un sistema UPS es mucho más que una fuente de energía de respaldo: es una infraestructura dinámica y multicomponente que protege el núcleo de las operaciones del centro de datos. Comprender el rol y la función de cada componente, asegurar un dimensionamiento e integración adecuados, y comprometerse con prácticas robustas de monitoreo y mantenimiento forman la base de la confiabilidad del UPS.

Al adoptar estrategias proactivas y aprendizaje continuo, los ingenieros de instalaciones críticas garantizan que las interrupciones de energía —por repentinas que sean— no comprometan las funciones críticas de TI. A medida que las tecnologías UPS evolucionan, mantenerse actualizado con nuevas arquitecturas, químicas de baterías y herramientas de diagnóstico sigue siendo esencial para preservar la resiliencia y la excelencia operativa del centro de datos.

Equilibrio de cargas, resolución de problemas y sistemas de generadores en la infraestructura crítica de energía

Mantener un equilibrio adecuado de cargas es fundamental para el rendimiento óptimo y la confiabilidad a largo plazo de los sistemas de Alimentación Ininterrumpida (UPS). El UPS debe dimensionarse correctamente para soportar todas las cargas conectadas, con un margen de seguridad suficiente que mitigue el riesgo de sobrecarga. El monitoreo continuo de los niveles de carga en tiempo real —generalmente expresados como porcentaje de la capacidad total— resulta esencial para garantizar que el sistema opere dentro de sus umbrales establecidos. Mantenerse consistentemente por debajo de la capacidad máxima de carga favorece la eficiencia energética, prolonga la vida útil de las baterías y minimiza el riesgo de apagados inesperados.

Las sobrecargas no solo aceleran la degradación de las baterías, sino que también pueden generar estrés térmico o fallos completos del sistema. Mediante el análisis regular de los datos de carga, los operadores pueden identificar proactivamente riesgos e implementar estrategias de mitigación, como el corte selectivo de cargas (load shedding), que prioriza los sistemas críticos y desconecta temporalmente las cargas no esenciales durante picos de demanda. Esto asegura la continuidad operativa sin comprometer las funciones esenciales.

La resolución de problemas en sistemas UPS requiere un proceso metódico que comienza con una revisión exhaustiva de las alertas del sistema, el comportamiento de la carga y los parámetros de entrada/salida. Por ejemplo, una alarma de bajo voltaje en la batería puede indicar subcarga o desgaste de las baterías. El diagnóstico debe iniciar verificando la salida del rectificador, ya que un voltaje o corriente insuficientes desde el sistema de carga pueden impedir que las baterías alcancen su capacidad plena. Si el rectificador funciona correctamente, el siguiente paso consiste en evaluar la salud de la batería, revisando su antigüedad, valores de impedancia y resultados de pruebas de carga previas para determinar si es necesario un reemplazo. En casos de sobrecarga indicada por el UPS, los ingenieros deben analizar la distribución de cargas y considerar desconectar cargas no críticas o ampliar el sistema para acomodar una demanda creciente. Un fallo del inversor —una avería crítica— suele requerir intervención profesional. Dependiendo del diseño del sistema, esto puede implicar el reemplazo de un módulo inversor o la derivación del sistema mediante bypass hasta completar las reparaciones.

La interpretación precisa de los datos del sistema UPS es fundamental para aislar fallos de manera efectiva y sostener la continuidad del servicio. Las unidades UPS modernas generan un conjunto completo de métricas operativas, incluyendo voltaje y corriente de entrada/salida, frecuencia, temperatura de la batería, factor de potencia y eficiencia del sistema. Estos parámetros funcionan como indicadores diagnósticos: una caída en el voltaje de entrada puede señalar inestabilidad en la red, mientras que una corriente de salida persistentemente alta podría indicar sobrecarga en el circuito. Un bajo voltaje de batería puede deberse a sulfatación, ciclos de descarga profunda o fallo de celdas.

La competencia para correlacionar estas métricas permite a los ingenieros localizar averías, validar el comportamiento del sistema y tomar acciones correctivas rápidas. Muchos sistemas UPS contemporáneos admiten monitoreo remoto, lo que posibilita la recolección de datos en tiempo real a través de paneles centralizados o plataformas móviles. Esta funcionalidad resulta especialmente ventajosa en operaciones distribuidas o multisitio, facilitando respuestas rápidas a alertas del sistema o anomalías ambientales sin necesidad de presencia física.

El mantenimiento preventivo sigue siendo el pilar de la confiabilidad del UPS. Las inspecciones programadas, la limpieza y las pruebas de baterías son esenciales para evitar que problemas menores escalen a fallos críticos. Durante el mantenimiento, el personal capacitado debe verificar terminales sueltos, signos de corrosión, daños por calor y asegurar un flujo de aire adecuado para prevenir sobrecalentamiento.

El polvo y los residuos acumulados, especialmente cerca de las entradas de ventilación y los componentes electrónicos, deben eliminarse regularmente para mantener un enfriamiento apropiado y la integridad del sistema. Los registros detallados de mantenimiento son cruciales, ya que ofrecen información sobre el rendimiento de los componentes, los calendarios de reemplazo y las tendencias de salud a lo largo del tiempo.

Estos datos históricos no solo facilitan la resolución de problemas, sino que también respaldan el cumplimiento normativo y la planificación informada de actualizaciones. Seguir las directrices de mantenimiento del fabricante asegura que el rendimiento del sistema permanezca alineado con las especificaciones de diseño y las expectativas de vida útil.

En conclusión, el mantenimiento de los sistemas UPS implica una estrategia coordinada de monitoreo de cargas, diagnóstico sistemático y mantenimiento proactivo. Los ingenieros deben interpretar eficazmente los datos del sistema en tiempo real, responder con rapidez a las alarmas e implementar estrategias de gestión de cargas para evitar tensiones en el sistema. Con los avances en monitoreo remoto y análisis predictivo, los sistemas UPS actuales ofrecen mayor control y confiabilidad que nunca. Al invertir en prácticas operativas sólidas y mantenerse al día con los desarrollos tecnológicos, los centros de datos pueden garantizar la continuidad energética y optimizar su infraestructura para un éxito sostenido a largo plazo.

Sistemas de generadores en la arquitectura de energía de centros de datos

Aunque los sistemas UPS proporcionan respaldo eléctrico a corto plazo, los generadores son esenciales para el respaldo a largo plazo durante cortes prolongados de la red eléctrica. Garantizan que las operaciones críticas de TI continúen sin interrupciones, a menudo cubriendo períodos de horas o incluso días, según la disponibilidad de combustible y los requisitos de carga. Comprender la tecnología de generadores y los protocolos operativos resulta fundamental para diseñar una infraestructura de centro de datos resiliente.

El generador más común en centros de datos es el diésel, reconocido por su confiabilidad, alta potencia y durabilidad. Sin embargo, los generadores de gas natural están ganando popularidad gracias a sus menores emisiones, mayor disponibilidad de combustible mediante infraestructura de tuberías y costos operativos más bajos en ciertas regiones. La elección entre sistemas diésel y de gas natural depende de varios factores: disponibilidad de combustible, normativas ambientales, limitaciones de espacio y costo total de propiedad. Por ejemplo, en ubicaciones remotas sin líneas de gas, el diésel suele ser la opción preferida, mientras que instalaciones en áreas urbanas con estrictas regulaciones de emisiones podrían optar por unidades a gas.

El dimensionamiento adecuado de los sistemas de generadores es crucial. El generador debe soportar no solo la carga completa de TI y HVAC, sino también ofrecer margen para expansiones futuras y manejar corrientes de arranque de equipos de alta potencia. Esto se logra mediante un perfilado exhaustivo de cargas, considerando la demanda pico, los requisitos de redundancia y la secuencia de arranque de equipos. Un generador subdimensionado puede fallar en condiciones de carga máxima, mientras que uno sobredimensionado genera un uso ineficiente de combustible y complicaciones de mantenimiento.

Las verificaciones preoperativas son obligatorias antes de poner en marcha un generador. Estas incluyen:

- Verificar los niveles y la calidad del combustible para soportar el tiempo de operación previsto.

- Inspeccionar el compartimento del motor en busca de fugas, desgaste u objetos extraños.

- Comprobar los niveles de aceite y refrigerante, asegurando que cumplan con los umbrales operativos.

- Confirmar el voltaje de la batería para los sistemas de arranque y necesidades auxiliares.

- Asegurarse de que el sistema de escape esté intacto y sin obstrucciones para evitar acumulación de gases peligrosos.

Todos los hallazgos deben documentarse y cualquier anomalía corregirse antes del arranque. Mantener listas de verificación detalladas para estas inspecciones asegura consistencia, seguridad y cumplimiento normativo. La documentación también facilita el análisis de tendencias, permitiendo a los gerentes de instalaciones anticipar necesidades de mantenimiento o problemas sistémicos antes de que se vuelvan críticos.

Sistemas de generadores y transición a PDUs en la gestión de energía de centros de datos

Poner en marcha un generador en un entorno de centro de datos exige un cumplimiento estricto de protocolos de seguridad estandarizados, particularmente los procedimientos de bloqueo/etiquetado (LOTO). Estos garantizan que el generador quede aislado de forma segura de la red eléctrica principal, evitando energizaciones accidentales durante mantenimiento o arranques manuales. Aunque la mayoría de los generadores modernos emplean secuencias de arranque automatizadas, un sólido conocimiento del proceso manual de arranque sigue siendo crítico para una resolución efectiva de problemas.

El procedimiento típico de arranque implica activar el interruptor principal, enganchar el sistema de arranque y observar atentamente el comportamiento del sistema al entrar en operación. Durante el funcionamiento, métricas clave de rendimiento —como velocidad del motor, presión de aceite, temperatura del refrigerante y salida de voltaje— deben monitorearse de cerca. Cualquier desviación de los umbrales establecidos puede indicar problemas emergentes que requieren atención inmediata. Los paneles de control avanzados o interfaces digitales de monitoreo suelen simplificar este proceso, ofreciendo retroalimentación en tiempo real y alertas para acciones correctivas rápidas.

Un aspecto fundamental de la confiabilidad del generador es la gestión del sistema de combustible. Los generadores diésel requieren combustible limpio y de alta calidad para mantener un rendimiento óptimo del motor y evitar obstrucciones en inyectores o filtros. Los tanques de almacenamiento deben dimensionarse adecuadamente para soportar tiempos de operación prolongados durante cortes extensos y someterse a inspecciones rutinarias en busca de fugas, crecimiento microbiano o acumulación de sedimentos. La implementación de sistemas de pulido y filtración de combustible ayuda a mantener la pureza del combustible al eliminar agua y contaminantes.

Para generadores de gas natural, mantener una presión de gas constante y líneas de suministro limpias resulta igualmente crítico, ya que inconsistencias en el suministro pueden afectar negativamente el rendimiento. Ambos tipos de combustible exigen diagnósticos regulares del sistema, y cualquier anomalía —como pérdida de presión, corrosión o bloqueos en la filtración— debe abordarse de inmediato para asegurar la preparación operativa.

El mantenimiento constituye el pilar de la longevidad y el rendimiento del generador. Siguiendo el calendario del fabricante, tareas como cambios de aceite, reemplazo de filtros, verificaciones de refrigerante e inspecciones de baterías deben realizarse en los intervalos especificados.

Estas actividades no solo optimizan la eficiencia del sistema, sino que también mitigan el riesgo de fallos durante operaciones críticas. Todas las acciones de mantenimiento deben documentarse exhaustivamente, incluyendo fechas de inspección, hallazgos y medidas correctivas. Esta documentación resulta valiosa para el análisis de tendencias, validación de garantías, cumplimiento normativo y planificación a largo plazo de la infraestructura. Factores ambientales —como fluctuaciones de temperatura, niveles de humedad y partículas en el aire— también influyen en la frecuencia de mantenimiento y deben incorporarse en las estrategias. Descuidar el servicio oportuno pone en riesgo la integridad del sistema e incrementa la probabilidad de tiempos de inactividad no planificados y reparaciones costosas.

Para validar el rendimiento de un generador, las pruebas de carga son esenciales. Estas pruebas simulan condiciones operativas reales al someter al generador a cargas eléctricas controladas equivalentes a la demanda pico del centro de datos. Esto asegura que el generador pueda soportar de forma confiable los sistemas críticos durante un corte. Las pruebas de carga ayudan a identificar debilidades en la entrega de combustible, regulación de voltaje y gestión térmica. Los arranques de ejercicio, generalmente sin carga completa, también son importantes para verificar arranques confiables y el funcionamiento correcto del Interruptor de Transferencia Automática (ATS). Tanto las pruebas de carga como los arranques de ejercicio deben programarse regularmente, y todos los resultados —especialmente anomalías como subtensión, deriva de frecuencia o tiempos de arranque prolongados— deben registrarse y corregirse. Las pruebas regulares garantizan que el sistema funcione no solo en teoría, sino bajo demanda real, con tiempos de transición rápidos y salida estable.

La transición de la energía de la red al generador se gestiona mediante el ATS, que detecta automáticamente un fallo de energía e inicia el cambio a la salida del generador. Los ingenieros de instalaciones críticas deben monitorear este proceso, asegurando que el voltaje, la frecuencia y la sincronización de fases estén dentro de tolerancia antes de transferir la carga. En algunas situaciones, puede ser necesario un override manual o resolución de problemas, particularmente si el ATS no responde o presenta fallos. Los ingenieros deben poseer un conocimiento profundo de la lógica del ATS, estar preparados para ejecutar overrides manuales y seguir protocolos de escalamiento predefinidos para garantizar la funcionalidad ininterrumpida del sistema. Respuestas oportunas y precisas ante anomalías de transferencia son esenciales para mantener los Acuerdos de Nivel de Servicio (SLA) y preservar la continuidad del negocio. Sesiones regulares de capacitación y simulacros de fallos mejoran la preparación y aumentan la confianza del operador durante emergencias reales.

Más allá de la operación diaria, los ingenieros de instalaciones críticas desempeñan un rol pivotal en la coordinación con proveedores, cumplimiento de SLA y planificación presupuestaria para sistemas de generadores. Deben interpretar informes de mantenimiento, verificar la finalización de tareas y justificar gastos de capital u operativos para reparaciones, suministro de combustible y actualizaciones del sistema. Su conocimiento profundo les permite alinear la capacidad del generador con el crecimiento del centro de datos mientras minimizan riesgos operativos. Al integrar expertise técnico, planificación estratégica y documentación rigurosa, los ingenieros aseguran que los sistemas de energía de respaldo funcionen como una red de seguridad confiable y no como un punto de fallo. La proactividad, no la reactividad, define el éxito en la gestión de sistemas de generadores: anticipar problemas antes de que ocurran resulta mucho más efectivo que reaccionar ante emergencias una vez producidas.

Una vez asegurados los sistemas de energía de respaldo —como unidades UPS y generadores—, la atención operativa se desplaza hacia las Unidades de Distribución de Energía (PDU), que constituyen la interfaz crítica entre la infraestructura centralizada de energía y el equipo de TI alojado en racks individuales de servidores. Las PDU permiten una asignación precisa de potencia, ofreciendo monitoreo granular de corriente, voltaje y consumo energético a nivel de dispositivo o toma. Comprender su despliegue, tipos y capacidades de monitoreo resulta esencial para una planificación eficiente de capacidad, detección de fallos y equilibrio de cargas en todo el entorno del centro de datos.

Aspectos Clave de Operación y Mantenimiento de Generadores

Tema	Descripción
Procedimientos de Arranque del Generador	Seguir los protocolos de seguridad (LOTO) y comprender tanto los procedimientos de arranque manual como automático. Monitorear el interruptor principal, el arrancador y la transición en línea.
Monitoreo de Rendimiento Clave	Supervisar la velocidad del motor, la presión de aceite, la temperatura del refrigerante y la salida de voltaje utilizando paneles de control o interfaces digitales.

Gestión de Combustible	Asegurar combustible limpio y de calidad (diésel o gas), verificar fugas y utilizar sistemas de filtración. Las inspecciones regulares son críticas.
Mantenimiento Preventivo	Seguir el programa de mantenimiento del fabricante (aceite, filtros, refrigerante, batería), documentar todos los hallazgos y considerar las condiciones ambientales.
Pruebas de Carga	Simular cargas reales para probar la capacidad del generador, identificar puntos débiles (combustible, voltaje, térmico) y confirmar la funcionalidad del ATS.
Interruptor de Transferencia Automática (ATS)	Detecta fallas de energía, cambia al generador y asegura la sincronización de voltaje y frecuencia. Puede requerirse anulación manual.
Rol del Ingeniero de Instalaciones Críticas	Supervisar tareas de proveedores, asegurar cumplimiento de SLA, gestionar presupuestos, alinear capacidad con el crecimiento del centro de datos y garantizar documentación.
Transición a PDUs	Las PDUs distribuyen energía a racks de TI, permiten monitoreo granular (corriente, voltaje), facilitan la detección de fallas y ayudan en el balanceo de carga.

Unidades de Distribución de Energía (PDU)

Las Unidades de Distribución de Energía (PDU) son componentes esenciales en la arquitectura moderna de los centros de datos, sirviendo como puente entre los sistemas centralizados de energía —como unidades UPS y generadores— y el hardware de TI individual. Mucho más que simples regletas de enchufes, las PDU actuales son dispositivos inteligentes que permiten monitoreo granular, gestión remota y optimización de la potencia. Su implementación correcta impacta directamente en la eficiencia operativa, la disponibilidad del sistema y la longevidad del equipo conectado.

Una de las funciones principales de las PDU es el equilibrio de cargas, especialmente crítico en entornos con demandas de potencia dinámicas. Al distribuir uniformemente las cargas eléctricas entre múltiples PDU, los ingenieros evitan la sobrecarga de circuitos individuales, lo que podría provocar disparos de interruptores o apagados de equipos. Por ejemplo, si una sola PDU se sobrecarga y experimenta un pico de energía, podría disparar su interruptor, causando una interrupción localizada que afecte a varios servidores. Mediante una distribución estratégica de la carga, se minimizan estos riesgos, asegurando resiliencia y continuidad constante en todo el centro de datos. El equilibrio de cargas también mejora la utilización energética, permitiendo que la instalación opere con mayor eficiencia mientras reduce desperdicios y costos.

La selección del tipo de PDU adecuado para un despliegue específico depende de diversos criterios, como los requisitos de capacidad de potencia, las necesidades de monitoreo y las restricciones de disposición en rack. Una distinción clave es entre PDU con medición (metered) y sin medición (unmetered). Las PDU con medición ofrecen información en tiempo real sobre el consumo de energía, tanto a nivel de unidad como de toma individual. Esta capacidad permite a los ingenieros monitorear el consumo, identificar ineficiencias y planificar el crecimiento de capacidad. Por ejemplo, un servidor que consume significativamente más energía que sus pares puede indicar un problema de rendimiento o la necesidad de optimización de software. Las percepciones proporcionadas por las PDU con medición ayudan a detectar estas anomalías tempranamente y respaldan intervenciones proactivas.

En contraste, las PDU sin medición son más simples y económicas, pero carecen de capacidades de monitoreo. Aunque pueden resultar adecuadas para entornos menos críticos o con presupuestos limitados, no ofrecen visibilidad sobre el consumo energético ni la distribución de cargas. En aplicaciones críticas, el costo de no contar con información sobre el uso de energía puede superar con creces el ahorro obtenido al prescindir de la medición.

Por ello, aunque las PDU sin medición aún tienen su lugar, las PDU con medición o inteligentes son generalmente preferidas en entornos empresariales donde la disponibilidad, la gestión energética y el mantenimiento proactivo son prioridades.

Las PDU también varían en cuanto a formato físico y conjunto de funciones. Las PDU básicas ofrecen una distribución simple de energía, mientras que las avanzadas incluyen características como conmutación remota de tomas, secuenciación de encendido y monitoreo ambiental (por ejemplo, sensores de temperatura y humedad). La posibilidad de reiniciar remotamente un servidor resulta especialmente valiosa en centros de datos grandes, donde el acceso físico a los racks puede demorarse o estar restringido. Esta capacidad reduce el tiempo medio de reparación (MTTR) y evita desplazamientos innecesarios, agilizando la respuesta a incidencias y minimizando interrupciones del servicio.

La orientación de montaje de las PDU —horizontal o vertical— es otra consideración importante. Las PDU horizontales ocupan espacio de unidad de rack (U) dentro del gabinete, mientras que las PDU verticales (también conocidas como PDU de cero U) se montan generalmente a lo largo de los rieles traseros del rack. Las configuraciones verticales son eficientes en espacio y reducen la congestión de cables, favoreciendo un mejor flujo de aire, simplificando la gestión de cableado y facilitando el mantenimiento del sistema. Una colocación inadecuada de las PDU puede alterar la eficiencia de refrigeración y generar puntos calientes térmicos, por lo que su integración óptima resulta esencial tanto para el rendimiento energético como térmico.

La integración de las PDU con sistemas UPS y salidas de generadores requiere un enfoque estructurado y consciente de la seguridad. Los procedimientos de bloqueo/etiquetado (LOTO) deben seguirse siempre antes de realizar cualquier conexión o ajuste, evitando energizaciones accidentales y reduciendo riesgos eléctricos. Los puntos de conexión suelen estar estandarizados, pero los ingenieros deben adherirse estrictamente a las directrices del fabricante y asegurar una correcta puesta a tierra para mantener la integridad del sistema y la seguridad del personal. Un cableado incorrecto o una puesta a tierra deficiente puede provocar desequilibrios de voltaje dañinos, fallos en el equipo o incluso riesgos de incendio.

Una vez en operación, el monitoreo continuo de las PDU resulta vital. Las PDU con medición y el software integrado de DCIM (Gestión de Infraestructura de Centros de Datos) pueden reportar tendencias de consumo, identificar consumos anormales e incluso alertar sobre dispositivos que se aproximan a condiciones de sobrecarga. Por ejemplo, un aumento lento pero constante en la corriente de una toma específica podría indicar una fuente de alimentación defectuosa o ineficiencia en el software. Cuanto antes se detecten estas tendencias, más eficazmente podrán los ingenieros intervenir antes de que el problema derive en tiempo de inactividad.

La optimización de energía dentro de los racks es un proceso continuo. Los ingenieros pueden utilizar las percepciones proporcionadas por las PDU para implementar estrategias de ahorro, como consolidación de servidores, virtualización o reconfiguración de cargas de trabajo basadas en perfiles de consumo energético. Agrupar equipos con requisitos similares de potencia y refrigeración permite una mejor gestión del flujo de aire, especialmente al colocar servidores de alta potencia cerca de entradas de aire frío. Estos ajustes reducen las demandas de refrigeración y disminuyen el gasto operativo general.

Más allá de la optimización individual de servidores, las PDU desempeñan un rol pivotal en la eficiencia energética a nivel de rack y fila. Gestionar estratégicamente qué PDU abastece a qué racks ayuda a distribuir la potencia de forma uniforme, evitar desequilibrios de fases y agilizar los flujos de trabajo de mantenimiento.

Las PDU avanzadas con conmutación remota permiten aislar equipos defectuosos o realizar apagados controlados durante ventanas de mantenimiento sin intervención manual. A medida que los centros de datos evolucionan hacia operaciones automatizadas y sin presencia física, las

PDU inteligentes se vuelven aún más esenciales, funcionando tanto como puntos de control como fuentes de datos para una gestión avanzada de la infraestructura.

En conclusión, las PDU han dejado de ser componentes pasivos de distribución: son activos inteligentes y dinámicos que sustentan un ecosistema resiliente y eficiente de entrega de energía. Al habilitar control granular, monitoreo mejorado y gestión remota, empoderan a los ingenieros para tomar decisiones informadas que mejoran la confiabilidad, la eficiencia energética y la disponibilidad. Con una selección cuidadosa, una integración adecuada y una supervisión constante, las PDU aportan una contribución significativa a la excelencia operativa de un centro de datos.

Gestión Integral de Energía y Mantenimiento Preventivo en Centros de Datos

La gestión efectiva de la energía en un centro de datos depende de una comprensión holística de toda la infraestructura eléctrica, que abarca generadores, sistemas de Alimentación Ininterrumpida (UPS) y Unidades de Distribución de Energía (PDU). Estos sistemas trabajan en conjunto para suministrar energía ininterrumpida y acondicionada al equipo crítico de TI. Para un ingeniero de instalaciones críticas, dominar la arquitectura, el funcionamiento y los requisitos de mantenimiento de cada sistema resulta esencial para minimizar tiempos de inactividad y maximizar la eficiencia operativa.

La capacidad de monitorear, gestionar y resolver problemas en estos sistemas constituye una competencia central. Un ingeniero de instalaciones debe saber interpretar datos del sistema, detectar anomalías, responder a alarmas e intervenir en tiempo real. Sin embargo, más allá de las acciones reactivas, el mantenimiento proactivo y la planificación sistemática de la infraestructura son cruciales para prevenir fallos. La implementación de estrategias robustas de mantenimiento preventivo (PM) asegura la continuidad operativa, reduce intervenciones de emergencia y contribuye directamente al control de costos.

Mantenimiento Preventivo: La Base de la Confiabilidad

El mantenimiento preventivo constituye la base de un sistema de energía resiliente y de alto rendimiento en un centro de datos. A diferencia de las reparaciones reactivas, el PM implica inspecciones programadas, pruebas sistemáticas, limpieza y reemplazo proactivo de componentes basado en datos de ciclo de vida, no en fallos. Omitir o retrasar el mantenimiento puede derivar en fallos catastróficos, pérdida de datos y graves consecuencias financieras.

La base de cualquier programa de PM es un calendario de mantenimiento bien definido, adaptado a las directrices del fabricante, el entorno operativo y los patrones de uso. Un enfoque por capas —diario, semanal, mensual, trimestral y anual— asegura una cobertura exhaustiva:

- Diario: Inspección visual de unidades UPS y PDU en busca de daños físicos, ruidos inusuales o acumulación de calor.

- Semanal: Verificación del voltaje de baterías, indicadores de estado del UPS y lecturas de sensores ambientales.

- Mensual: Inspección de conexiones eléctricas, vías de ventilación y carcasas de componentes en busca de polvo o corrosión.

- Trimestral/Semestral: Pruebas de carga, calibración de equipos de medición y actualizaciones de firmware si es necesario.

- Anual: Pruebas completas de baterías, diagnósticos integrales del sistema, imágenes térmicas y revisión de registros de rendimiento.

Mantenimiento de Baterías: Garantizando la Preparación del Respaldo

Las baterías son esenciales en cualquier sistema UPS, y su fallo representa una de las principales causas de interrupciones relacionadas con UPS. Las pruebas y el monitoreo regulares resultan cruciales para evaluar la salud de las baterías. En el caso de baterías de plomo-ácido, esto incluye:

- Monitoreo de voltaje: Asegurar que cada celda mantenga la carga dentro de los límites especificados.

- Verificación de gravedad específica (en celdas inundadas): Identificar desequilibrios en el electrolito.

- Pruebas de carga: Simular un corte de energía para verificar el rendimiento real.

- Inspección visual: Buscar hinchazón, corrosión o fugas en terminales.

A medida que las baterías envejecen, su resistencia interna aumenta, degradando su capacidad. El reemplazo proactivo de baterías, basado en resultados de pruebas en lugar de fallos, representa una estrategia rentable que evita tiempos de inactividad de emergencia. En la mayoría de los casos se recomiendan pruebas de carga anuales, con mayor frecuencia conforme la batería se acerca al final de su vida útil. En sistemas de ion-litio, los Sistemas Integrados de Gestión de Baterías (BMS) suelen ofrecer percepciones predictivas.

Conexiones Eléctricas y Cumplimiento de Seguridad

Cada unión eléctrica en un sistema UPS o PDU representa un posible punto de fallo si no se revisa. Conexiones flojas o corroídas pueden generar arcos, calor excesivo o riesgos de incendio. Durante el PM, los ingenieros deben:

- Utilizar llaves dinamométricas para confirmar que todas las conexiones cumplen con las especificaciones del fabricante.

- Inspeccionar en busca de oxidación o decoloración, especialmente en entornos húmedos.

- Aplicar inhibidores de corrosión cuando sea necesario.

- Verificar la correcta puesta a tierra, incluyendo uniones y conexiones a tierra.

Mantener caminos eléctricos limpios y seguros resulta esencial para la estabilidad de la carga y la seguridad del personal. Los registros de PM deben incluir la verificación de valores de torque y fotografías de terminaciones críticas.

Limpieza y Mantenimiento Ambiental

Aunque a menudo se pasa por alto, la limpieza impacta directamente en el rendimiento. El polvo acumulado puede obstruir ventilaciones, reducir el flujo de aire y elevar las temperaturas internas, lo que potencialmente causa apagados térmicos o una vida útil reducida. Un programa sólido de PM incluye:

- Limpieza de ventiladores, filtros y entradas/salidas de ventilación con aire comprimido a baja presión.

- Eliminación de obstrucciones al flujo de aire dentro y alrededor de los racks.

- Inspección y limpieza de disipadores de calor y carcasas internas siguiendo protocolos de seguridad ESD.

Las herramientas de monitoreo ambiental deben verificarse regularmente. Sensores de temperatura, humedad y flujo de aire deben probarse y recalibrarse si es necesario. El UPS debe ubicarse estratégicamente para evitar proximidad a salidas de HVAC o zonas de alto calor.

Mantener condiciones estables —típicamente 20-25 °C con 40-60 % de humedad— resulta esencial para garantizar el rendimiento a largo plazo del sistema y evitar corrosión o degradación de baterías.

Registro, Análisis y Mejora Continua

Una parte a menudo subestimada del mantenimiento preventivo es la documentación. Los registros de mantenimiento deben incluir:

- Registros con marca de tiempo de todas las actividades realizadas.

- Resultados de pruebas (por ejemplo, voltajes de batería, valores de torque).

- Observaciones y fotografías de anomalías o desgaste.

- Fechas de reemplazo y números de serie de componentes.

Estos registros no solo aseguran cumplimiento, sino que también sirven como base para análisis predictivos. Con el tiempo, patrones en fluctuaciones de temperatura, consumo de potencia o degradación de componentes pueden informar ajustes en los intervalos de PM y la presupuestación para reemplazos o actualizaciones.

Al combinar este enfoque detallado y proactivo de mantenimiento con monitoreo inteligente y sistemas de alertas en tiempo real, los ingenieros de instalaciones críticas pueden crear un ciclo de retroalimentación autorreforzante que mejora continuamente la disponibilidad, el rendimiento y la eficiencia de costos.

Las pruebas regulares de la funcionalidad del sistema UPS resultan cruciales. Esto implica realizar simulaciones de cortes de energía para verificar que el sistema cambia automáticamente a batería y que el tiempo de transferencia se mantiene dentro de límites aceptables. Estas pruebas deben seguir las recomendaciones del fabricante y realizarse con precauciones de seguridad adecuadas. Las pruebas deben incluir la verificación de la capacidad del UPS para suministrar energía a las cargas críticas durante un tiempo apropiado. Esto asegura que el sistema opere como se espera y que el equipo crítico de TI reciba suficiente tiempo para apagarse de forma ordenada durante un fallo de energía. Documentar los resultados de estas pruebas proporciona datos valiosos para rastrear el rendimiento del UPS a lo largo del tiempo e identificar problemas potenciales tempranamente.

El mantenimiento preventivo del sistema de distribución de energía se extiende más allá del propio UPS. Esto incluye inspecciones y pruebas regulares de PDU, interruptores de circuito y otros equipos relacionados. Por ejemplo, inspeccionar visualmente la PDU en busca de conexiones flojas, signos de sobrecalentamiento o daños, verificar que todos los cables de alimentación estén firmemente conectados y comprobar los interruptores de circuito para asegurar que funcionen correctamente y estén adecuadamente dimensionados para las cargas que sirven. Un equipo de distribución de energía bien mantenido garantiza que la salida del UPS pueda entregarse exitosamente al equipo de TI. Un calendario efectivo de pruebas incluye verificaciones rutinarias de mantenimiento en todos los componentes de distribución de energía. La falta de pruebas en estos componentes puede resultar en tiempos de inactividad inesperados y disrupciones en el servicio.

Establecer y mantener un programa integral de mantenimiento preventivo requiere un registro meticuloso. Todas las actividades de mantenimiento —incluyendo inspecciones, pruebas y reparaciones— deben documentarse exhaustivamente, junto con fechas, horas y personal involucrado. Esta documentación ayuda a identificar tendencias, predecir problemas potenciales y asegurar cumplimiento con requisitos regulatorios. Los datos recopilados facilitan la optimización del calendario de mantenimiento y mejoran la eficiencia general del programa. Registros detallados también asisten en la resolución de problemas futuros, proporcionando contexto histórico para comprender el rendimiento del sistema e identificar patrones en fallos de equipo. Estos registros pueden resultar invaluables en situaciones como reclamos de seguros o auditorías.

Además, un mantenimiento preventivo efectivo depende en gran medida de la expertise y capacitación del personal involucrado. Deben implementarse programas regulares de capacitación para asegurar que el equipo esté familiarizado con todos los procedimientos y protocolos de seguridad.

La capacitación práctica, incluyendo demostraciones y simulaciones, resulta esencial para desarrollar las habilidades y confianza necesarias para realizar tareas de forma segura y efectiva. La capacitación continua es crucial para mantenerse actualizado con tecnologías en evolución y mejores prácticas. Esta capacitación debe cubrir todos los aspectos del mantenimiento preventivo, como procedimientos correctos de bloqueo/etiquetado, manejo seguro de equipo eléctrico y uso de herramientas de prueba especializadas. Invertir en personal bien capacitado representa una inversión en la confiabilidad general y la disponibilidad de la infraestructura de energía del centro de datos.

Mantenimiento Preventivo y Mejora Continua – Resumen

Tema	Descripción
Documentación de Mantenimiento	Los registros deben incluir actividades con marca de tiempo, resultados de pruebas (por ejemplo, voltajes de baterías), observaciones, fotos, ubicaciones de reemplazo y números de serie. Permite cumplimiento, análisis predictivo y planificación.
Pruebas Funcionales del UPS	Las pruebas simuladas de fallas eléctricas garantizan la conmutación automática de baterías, tiempos de transferencia aceptables y potencia sostenida para cargas críticas. Los resultados deben documentarse para el seguimiento del rendimiento.
Pruebas de PDU y Breakers	Inspecciones regulares de PDUs, interruptores y cables de alimentación para detectar conexiones sueltas, daños y dimensionamiento adecuado. Garantiza una entrega de energía limpia a los equipos de TI.
Registro y Análisis de Datos	Registros detallados de inspecciones, reparaciones y pruebas, incluyendo nombres del personal y marcas de tiempo, ayudan a identificar tendencias, predecir fallas y apoyar la resolución de problemas o auditorías.
Capacitación y Experiencia del Personal	El personal debe recibir formación continua en procedimientos LOTO, manejo de equipos, protocolos de seguridad y uso de herramientas de prueba. La capacitación práctica y simulada es clave.

El mantenimiento proactivo reduce el tiempo de inactividad, extiende la vida útil del equipo y mejora la eficiencia de costos. Es una inversión a largo plazo en la resiliencia de la infraestructura.

Al implementar un programa robusto de mantenimiento preventivo, que abarque inspecciones regulares, pruebas y limpieza, acompañado de un registro meticuloso y una capacitación continua del personal, los operadores de centros de datos pueden mejorar significativamente la confiabilidad y la longevidad de sus sistemas de energía. Este enfoque proactivo minimiza costosos tiempos de inactividad, maximiza la vida útil del equipo y garantiza el funcionamiento ininterrumpido de la infraestructura crítica de TI. Las ventajas financieras superan con creces la inversión inicial en tiempo y recursos, ya que el mantenimiento proactivo reduce drásticamente el riesgo de fallos catastróficos y los elevados costos asociados.

El mantenimiento proactivo no es simplemente un gasto: es una inversión estratégica en el éxito a largo plazo y la resiliencia de la operación del centro de datos. Un programa bien estructurado de mantenimiento preventivo constituye un pilar fundamental de la gestión efectiva de un centro de datos, contribuyendo a una operación estable, confiable y rentable.

Capítulo 4: Sistemas de Supresión de Incendios y Seguridad

Supresión de incendios en centros de datos: estrategia, sistemas y seguridad

La supresión de incendios en un centro de datos constituye un componente primordial de la ingeniería de instalaciones críticas, cuyo objetivo no se limita a extinguir posibles fuegos, sino también a minimizar el daño a la infraestructura sensible de tecnologías de la información (TI) y garantizar la continuidad ininterrumpida de las operaciones empresariales. Se busca proteger el equipo crítico, salvaguardar al personal y preservar la disponibilidad operativa, todo ello en cumplimiento de estrictas normativas y estándares de seguridad. Lograrlo requiere una comprensión integral de las tecnologías de supresión disponibles, su interacción dentro del entorno del centro de datos y su integración óptima en una estrategia global de protección contra incendios.

La selección del sistema de supresión adecuado se determina por múltiples factores: el tamaño y la configuración del centro de datos, la densidad del equipo, el perfil de riesgo y las consideraciones ambientales. Este proceso suele involucrar la colaboración entre ingenieros de instalaciones críticas, consultores de seguridad contra incendios y arquitectos de centros de datos, para garantizar que el sistema elegido equilibre una mitigación efectiva del fuego con el menor impacto posible en el equipo electrónico.

Supresión gaseosa: limpia y amigable con el equipo

Entre las opciones más preferidas en entornos de centros de datos se encuentran los sistemas de supresión gaseosa. Estos sistemas extinguen el fuego desplazando el oxígeno o inhibiendo las reacciones químicas de la combustión, sin dejar residuos de agua ni otros materiales que puedan dañar la electrónica. Los agentes gaseosos más comunes incluyen:

- Argonita: Un gas inerte de acción rápida, efectivo pero que requiere grandes volúmenes de almacenamiento.

- Inergen: Una mezcla de nitrógeno, argón y CO_2 que suprime incendios manteniendo niveles suficientes de oxígeno para la seguridad humana.

- FE-13: Un agente halocarbonado reconocido por su descarga rápida y bajo impacto ambiental.

Estos gases son no conductivos y no corrosivos, lo que los hace ideales para entornos de TI de alto valor. Los sistemas se despliegan mediante boquillas de precisión instaladas en toda la sala, asegurando una dispersión uniforme para una cobertura máxima de supresión.

Sin embargo, los sistemas gaseosos plantean una consideración crítica de seguridad para los ocupantes: al reducir los niveles de oxígeno, se requiere una evacuación rápida. Deben existir señalización adecuada, alarmas audibles y visuales, y planes de egreso de emergencia bien establecidos. En áreas de alta ocupación, Inergen suele preferirse sobre Argonita por sus características más seguras de retención de oxígeno.

El mantenimiento y las pruebas regulares de los sistemas gaseosos son imprescindibles. Las tareas clave incluyen:

- Verificación de la presión en cilindros y la integridad de las boquillas.

- Realización de pruebas simuladas de descarga.

- Inspección de tuberías y conexiones del panel de control.

- Registro detallado de todo el mantenimiento y los resultados de pruebas para auditorías de cumplimiento.

Supresión basada en agua

Aunque tradicionalmente se evitan por el riesgo de daño por agua, los sistemas de supresión basados en agua aún tienen un papel en ciertas zonas de los centros de datos, especialmente donde el riesgo de incendio es elevado. Sistemas como rociadores de preacción y deluge se han adaptado para uso en centros de datos, incorporando funciones de control mejoradas.

- Los sistemas de preacción requieren dos activaciones (por ejemplo, detección de calor y humo) antes de liberar agua. Esto ofrece una capa adicional de protección, reduciendo el riesgo de descargas accidentales.

- Los sistemas deluge, por su parte, se activan rápidamente y se utilizan en áreas de alto riesgo donde la propagación del fuego es una preocupación.

Para mitigar los riesgos de daño por agua, los sistemas basados en agua deben diseñarse con:

- Boquillas de rocío fino y baja presión para limitar el volumen de agua.

- Rociadores posicionados estratégicamente, evitando descargas directas sobre hardware crítico.

- Sistemas de drenaje de alta capacidad para eliminar rápidamente el agua descargada del área.

Estas características ayudan a equilibrar la eficacia de la supresión con la protección del equipo.

Detección de incendios: la primera línea de defensa

Ningún sistema de supresión puede funcionar eficazmente sin detección temprana. Los sistemas integrados de detección de incendios actúan como la primera alerta, activando mecanismos de supresión y permitiendo una evacuación segura del personal. Estos sistemas suelen constar de:

- Detectores de humo (de ionización y fotoeléctricos) para una detección rápida de incendios incipientes o en llamas.

- Detectores de calor para captar cambios rápidos de temperatura en áreas con bajo flujo de aire.

- Detectores de llama (con sensores infrarrojos o ultravioleta) para identificar llamas abiertas.

La colocación de detectores es estratégica y multicapa, con mayor densidad en zonas de alto riesgo como racks de servidores, paneles eléctricos y canalizaciones de cables. Es fundamental evitar zonas muertas de cobertura y asegurar que los patrones de flujo de aire no interfieran con el rendimiento de los detectores.

Las pruebas y el mantenimiento regulares de estos sistemas incluyen:

- Comprobaciones manuales y automáticas de funcionalidad.

- Calibración de la sensibilidad de los sensores.

- Verificación de la comunicación de alarmas con los sistemas centrales de control de incendios del edificio.

- Documentación clara de los resultados de pruebas y reparaciones.

Las alarmas deben interconectarse directamente con el panel de control de alarmas de incendios del edificio y vincularse a protocolos automatizados de respuesta de emergencia. Esto asegura notificación inmediata al personal de bomberos, activación de la supresión y alertas en toda la instalación.

Estrategia de respuesta integrada

Una estrategia integral de protección contra incendios en un centro de datos va más allá de extinguir fuegos: abarca prevención, contención y recuperación. El rol del ingeniero incluye:

- Realizar evaluaciones de riesgo para identificar zonas vulnerables.

- Coordinar el diseño de sistemas de supresión con la planificación de HVAC, eléctrica y distribución física.

- Desarrollar protocolos de evacuación y seguridad específicos para los sistemas de supresión.

- Capacitar al personal en el funcionamiento de los sistemas y en la respuesta ante emergencias.

La documentación resulta crítica. Un registro bien mantenido de protección contra incendios debe incluir:

- Registros de pruebas del sistema.

- Historial de mantenimiento de detectores.

- Inspecciones de sistemas de supresión.

- Resultados y revisiones de simulacros de evacuación.

Supresión y detección integrada de incendios en centros de datos

La supresión de incendios en los centros de datos no se limita a extinguir llamas: constituye un componente crítico de la protección de la infraestructura, la continuidad del negocio y la seguridad de las personas. Los sistemas efectivos de protección contra incendios deben diseñarse con meticulosa precisión para minimizar cualquier disrupción en el equipo sensible de TI, apoyándose en una red intrincadamente coordinada de detección, supresión, control y mecanismos de respuesta. Estos sistemas han de cumplir con rigurosos estándares normativos y de seguridad, manteniendo al mismo tiempo una respuesta excepcional y una confiabilidad probada en escenarios reales.

Una estrategia integral de protección contra incendios integra de forma fluida tanto los sistemas de supresión como los de detección. El sistema de detección actúa como iniciador del proceso de supresión y, con frecuencia, desencadena respuestas de emergencia adicionales, como el apagado de ventilación, el aislamiento eléctrico y los protocolos de evacuación del edificio. Esta funcionalidad integrada exige una coordinación impecable entre sensores, paneles de control, sistemas de alarma y redes de comunicación. Habitualmente, una estación centralizada de monitoreo supervisa todo el sistema, recibiendo información de diversos detectores y ejecutando respuestas apropiadas según umbrales preestablecidos y protocolos de emergencia.

La integración adecuada requiere pruebas y validaciones rigurosas para confirmar que los sistemas interactúan según lo previsto. Los escenarios simulados de incendio resultan esenciales para validar el tiempo de respuesta, la cobertura y la comunicación entre sistemas. La capacitación del personal es igualmente vital: los operadores deben comprender tanto las capacidades como las limitaciones del sistema. La formación debe combinar instrucción teórica con simulacros prácticos, ayudando al personal a ganar confianza en los procedimientos de emergencia y en el diagnóstico de sistemas.

Sistemas de supresión gaseosa y basada en agua

Los sistemas de supresión gaseosa representan la solución preferida en entornos de TI por su naturaleza no conductiva y libre de residuos. Suprimen el fuego desplazando el oxígeno o interrumpiendo el proceso de combustión, sin dejar daños por agua. Agentes comunes como Argonita, Inergen y FE-13 ofrecen propiedades únicas. Argonita e Inergen, gases inertes, reducen la concentración de oxígeno en la sala a un nivel que extingue el fuego, pero conservando márgenes de seguridad para los humanos. FE-13, un agente halocarbonado, actúa con rapidez y destaca por su bajo impacto ambiental.

El diseño de sistemas gaseosos implica una colocación estratégica de boquillas y cálculos precisos de la cantidad de gas según el volumen de la sala y los niveles de concentración requeridos. Los mecanismos de seguridad garantizan una descarga retardada, permitiendo evacuación antes de que la reducción de oxígeno resulte peligrosa. Estos sistemas deben someterse a pruebas regulares para verificar la presión de cilindros, la integridad de válvulas y la alineación de boquillas. Cualquier deficiencia detectada durante las pruebas debe documentarse y corregirse de inmediato para asegurar plena disponibilidad.

Los sistemas basados en agua, aunque más riesgosos en entornos de TI, siguen desempeñando un papel en ciertas aplicaciones. Los sistemas de preacción —que requieren una señal confirmada de incendio antes de liberar agua— reducen significativamente el riesgo de descargas accidentales. Los sistemas deluge, más agresivos, liberan agua rápidamente y suelen instalarse en zonas de alto riesgo. Para minimizar daños, estos sistemas pueden equiparse con boquillas de rocío fino y baja presión, y apoyarse en sistemas de drenaje dedicados que dirijan el agua lejos del equipo sensible.

Tecnologías y colocación de detección de incendios

La detección representa la primera línea de defensa en la mitigación de incendios. Los sistemas modernos combinan detectores de humo, calor y llama para garantizar una detección multicapa y confiable en diversas condiciones operativas.

- Los detectores de humo constituyen la base de la alerta temprana. Los de ionización son más sensibles a incendios de llama rápida que emiten partículas pequeñas de humo, mientras que los fotoeléctricos destacan en la detección de incendios lentos y humeantes que producen partículas mayores. La elección del detector adecuado depende de los riesgos específicos y las condiciones de flujo de aire de cada sala.

- Los detectores de calor responden a temperaturas elevadas. Los de temperatura fija se activan en un umbral específico, mientras que los de tasa de aumento se disparan ante incrementos rápidos de temperatura. Resultan especialmente útiles en áreas polvorientas o con alto flujo de aire donde los detectores de humo pueden tener menor rendimiento.

- Los detectores de llama, con sensores infrarrojos o ultravioleta, ofrecen detección rápida de llamas visibles y suelen complementar otros tipos en zonas donde el riesgo de llama abierta es elevado.

La colocación de detectores es un proceso altamente estratégico. Las áreas de mayor riesgo —salas de servidores, cuartos eléctricos y canalizaciones de cables— requieren mayor densidad. Sin embargo, una densidad excesiva puede generar falsas alarmas y añadir complejidad innecesaria al sistema. El software de modelado de incendios ayuda a optimizar la ubicación de detectores, considerando la forma de la sala, los flujos de aire y las obstrucciones para maximizar la cobertura y reducir zonas muertas.

Sistemas de alarma, monitoreo y respuesta del ingeniero

Un sistema de alarma efectivo no solo alerta al personal en sitio, sino que también se interconecta con los sistemas de emergencia del edificio y con agencias externas. Los sistemas de alarma deben proporcionar indicadores claros de la ubicación, tipo y gravedad del incendio —idealmente en tiempo real— mediante pantallas visuales y alarmas audibles. Muchos sistemas actuales admiten monitoreo remoto, permitiendo supervisión centralizada en múltiples sitios y mejorando la conciencia situacional a través de paneles integrados.

En situaciones de emergencia, el ingeniero de instalaciones críticas desempeña un rol clave. Al recibir una alarma, debe evaluar la naturaleza de la amenaza, verificar la precisión de la alerta, iniciar protocolos de evacuación y asegurar que el sistema de supresión se active correctamente. Asimismo, coordina con los bomberos y equipos de seguridad mientras monitorea el rendimiento del sistema durante el evento. Tras el incidente, el ingeniero participa en la investigación de causas raíz, evalúa el desempeño del sistema y recomienda mejoras en hardware, disposición o protocolos.

Mantenimiento, cumplimiento y mejora continua

El mantenimiento preventivo asegura que los sistemas de detección y supresión permanezcan confiables con el paso del tiempo. Esto incluye:

- Pruebas funcionales de detectores de humo, calor y llama para garantizar que el tiempo de respuesta y la sensibilidad se mantengan dentro de los límites tolerados.

- Pruebas integrales del sistema para validar la secuencia completa: desde la notificación de detección hasta la activación de la supresión.

- Inspección de paneles de control, cableado y conexiones de sensores en busca de daños, corrosión o manipulación.

- Limpieza y calibración de detectores para eliminar falsas alarmas causadas por polvo u obstrucciones.

Todas las actividades deben documentarse minuciosamente, generando un historial auditable de pruebas, mantenimientos y acciones correctivas. Los registros deben incluir fechas de pruebas, resultados, personal involucrado y cualquier medida de seguimiento posterior.

El cumplimiento normativo es innegociable. Los centros de datos deben adherirse a códigos locales e internacionales contra incendios (por ejemplo, NFPA 75, NFPA 2001), que regulan el diseño del sistema, la frecuencia de mantenimiento y los protocolos de inspección. Las auditorías periódicas por parte de autoridades de seguridad contra incendios ayudan a confirmar el cumplimiento y revelan áreas de mejora. El uso de tecnologías como monitoreo remoto, análisis de datos y seguimiento de tendencias de fallos mejora aún más el rendimiento y la capacidad de respuesta del sistema.

La supresión y detección de incendios en centros de datos implican mucho más que contar con agentes extintores y alarmas: requieren un diseño integrado, una implementación precisa, un mantenimiento riguroso y personal capacitado. El ingeniero de instalaciones críticas desempeña un rol central en este sistema, asegurando que todos los componentes funcionen en armonía y que las respuestas sean rápidas y efectivas. Un sistema de protección contra incendios bien mantenido e integrado adecuadamente no es solo una obligación normativa, sino también un elemento clave de la continuidad del negocio, protegiendo por igual vidas, datos y equipos.

Supresión y detección de incendios en centros de datos

La supresión y detección efectivas de incendios son fundamentales en la ingeniería de instalaciones críticas, protegiendo no solo el equipo sensible de TI, sino también garantizando la continuidad operativa. En un entorno de centro de datos donde incluso interrupciones menores pueden ocasionar pérdidas significativas de datos o daños financieros, la protección contra incendios debe ser rápida y poco intrusiva. El objetivo no es simplemente extinguir un incendio, sino hacerlo con el menor impacto posible en equipos, infraestructura y personal. Lograrlo requiere una estrategia multicapa que integre sistemas de detección, mecanismos de supresión y coordinación procedimental, todo adaptado a los riesgos y la configuración específicos del centro de datos.

Una de las estrategias de supresión de incendios más ampliamente implementadas en los centros de datos modernos es el uso de sistemas gaseosos. Estos emplean gases inertes como Argonita, Inergen o FE-13 para reducir la concentración de oxígeno en la sala, asfixiando eficazmente el fuego sin dejar residuos de agua ni corrosivos. Esto los hace ideales para entornos donde los sistemas basados en agua podrían causar daños irreversibles a la electrónica. Cada agente gaseoso tiene propiedades específicas que influyen en el diseño del sistema. Por ejemplo, Argonita, aunque efectivo, requiere un mayor volumen de almacenamiento. Inergen, una mezcla de nitrógeno, argón y CO_2, es respetuoso con el medio ambiente y seguro para humanos en concentraciones bajas. FE-13 ofrece supresión rápida con baja toxicidad e impacto ambiental reducido.

La arquitectura de los sistemas gaseosos suele incluir un banco central de cilindros conectado a una red de tuberías y boquillas distribuidas por toda el área protegida. Al activarse, el agente se libera y se dispersa uniformemente para alcanzar la concentración requerida de supresión. Estos sistemas deben diseñarse cuidadosamente considerando el tamaño de la sala, la altura del techo, las tasas de ventilación y los tipos de materiales presentes. Dado que estos gases desplazan el oxígeno, los protocolos de seguridad humana son esenciales. Deben existir procedimientos de evacuación, señalización adecuada, alarmas y capacitación obligatoria para garantizar que el personal pueda salir de forma segura antes de la descarga.

El mantenimiento rutinario y la inspección son vitales para los sistemas gaseosos. Esto incluye verificar la presión de los cilindros, inspeccionar la alineación de boquillas y confirmar la integridad del sistema mediante pruebas diagnósticas. Los cilindros deben reemplazarse o recargarse después de una descarga o cuando la presión cae por debajo de los umbrales. Las pruebas preventivas aseguran que no existan fugas ni obstrucciones en la tubería y que todos los actuadores y mecanismos de liberación estén plenamente operativos.

Aunque menos comunes en entornos de alta densidad, los sistemas de supresión basados en agua aún desempeñan un papel en ciertas partes de un centro de datos o en instalaciones heredadas. Las adaptaciones modernas, como los sistemas de rociadores de preacción, ofrecen un punto intermedio. Estos requieren tanto una señal confirmada de incendio como una verificación secundaria antes de liberar agua, reduciendo el riesgo de descargas accidentales. Otra variante, los sistemas deluge, están diseñados para una activación rápida en áreas de alto riesgo como almacenamiento de combustible o salas de generadores, donde los incendios intensos podrían propagarse con rapidez. Tanto los sistemas de preacción como los deluge dependen en gran medida de la entrada de detección y de la lógica de zonificación para prevenir daños colaterales al equipo de TI. Boquillas especializadas de bajo flujo o niebla pueden minimizar el uso de agua y reducir el riesgo para la electrónica.

Para los sistemas basados en agua, el diseño de drenaje resulta crítico. Cualquier descarga debe canalizarse lejos del equipo sensible mediante pisos y sistemas de escorrentía bien diseñados. El mantenimiento regular incluye pruebas de presión, verificaciones de válvulas y purgas para prevenir acumulación de sedimentos o corrosión en las tuberías. Las cabezas rociadoras deben inspeccionarse en busca de obstrucciones o problemas de alineación, y las fuentes de agua deben ser confiables y estar adecuadamente presurizadas.

Ya sea gaseoso o basado en agua, los sistemas de detección de incendios constituyen la columna vertebral de la estrategia de supresión. Estos sistemas proporcionan una alerta temprana de condiciones de incendio, permitiendo una respuesta rápida y activando el método de supresión apropiado. La combinación de detectores de humo, calor y llama ofrece capacidades de detección multicapa adaptadas a diferentes tipos de riesgo de incendio.

Los detectores de humo suelen ser la primera línea de defensa y se presentan en varias formas. Los de ionización responden mejor a incendios de llama rápida, detectando la disrupción de corrientes de aire ionizado por partículas finas de humo. Los fotoeléctricos, en cambio, destacan en la identificación de incendios lentos y humeantes, utilizando un haz de luz para detectar la dispersión causada por partículas mayores de humo. La elección entre estas tecnologías depende de la disposición y los riesgos específicos de incendio presentes en cada sala. En muchos casos, ambos tipos se instalan en tándem para maximizar cobertura y capacidad de respuesta.

Los detectores de calor aportan redundancia valiosa, particularmente en áreas con alto flujo de aire o materia particulada donde los detectores de humo pueden ser menos efectivos. Incluyen detectores de temperatura fija, que se activan cuando la temperatura ambiente supera un umbral específico, y detectores de tasa de aumento, que responden a incrementos rápidos de temperatura. Su presencia ayuda a confirmar la presencia de fuego en zonas menos accesibles o propensas al polvo.

Los detectores de llama, que utilizan sensores infrarrojos (IR) o ultravioleta (UV), resultan altamente efectivos para detectar llamas visibles. Estos dispositivos son especialmente útiles en áreas donde pueden surgir llamas rápidas y visibles, como almacenamiento de combustible o salas de generadores. Sin embargo, debido a su susceptibilidad a falsos positivos en ciertos entornos, suelen combinarse con otras tecnologías de detección para proporcionar confirmación antes de activar los sistemas de supresión.

La colocación y zonificación de todos los detectores es una ciencia en sí misma. Los detectores deben distribuirse estratégicamente considerando factores como el flujo de aire de la sala, la altura del techo, la densidad del equipo y los peligros potenciales de incendio. Las zonas de alto riesgo —racks de servidores, áreas de distribución de energía o salas de baterías— requieren mayor densidad de detectores. El software de modelado de incendios se utiliza frecuentemente durante el diseño del sistema para simular la dispersión de humo y optimizar la ubicación de detectores, asegurando cobertura máxima y reduciendo zonas muertas.

Sistemas de alarma, monitoreo y respuesta del ingeniero

Un sistema de alarma efectivo no solo alerta al personal en sitio, sino que también se integra con los sistemas de emergencia del edificio y con agencias externas. Los sistemas de alarma deben proporcionar indicadores claros de la ubicación, tipo y gravedad del incendio —idealmente en tiempo real— mediante pantallas visuales y alarmas audibles. Muchos sistemas actuales admiten monitoreo remoto, permitiendo supervisión centralizada en múltiples sitios y mejorando la conciencia situacional a través de paneles integrados.

En situaciones de emergencia, el ingeniero de instalaciones críticas desempeña un rol clave. Al recibir una alarma, debe evaluar la naturaleza de la amenaza, verificar la precisión de la alerta, iniciar protocolos de evacuación y asegurar que el sistema de supresión se active correctamente. Asimismo, coordina con los bomberos y equipos de seguridad mientras monitorea el rendimiento del sistema durante el evento. Tras el incidente, el ingeniero participa en la investigación de causas raíz, evalúa el desempeño del sistema y recomienda mejoras en hardware, disposición o protocolos.

Resumen de Sistemas de Detección y Supresión de Incendios

Tema	Descripción
Propósito de los Sistemas contra Incendios	Proteger equipos de TI sensibles y mantener la continuidad operativa con una respuesta rápida y de bajo impacto ante incendios.
Sistemas de Supresión por Gas	Utilizan gases inertes (Argonite, Inergen, FE-13) para reducir el oxígeno y suprimir el fuego sin dejar residuos. Son seguros para equipos electrónicos, pero requieren un diseño

	específico del recinto y cumplimiento de protocolos de seguridad humana.
Mantenimiento de Sistemas de Gas	Incluye verificación de presión, alineación de boquillas, pruebas de detección de fugas y pruebas de actuadores. Los cilindros deben recargarse o reemplazarse después de cada descarga.
Sistemas Basados en Agua	Utilizados en algunas áreas o configuraciones heredadas. Incluyen sistemas de preacción (doble confirmación antes de descarga) y de diluvio (despliegue rápido). Sistemas de niebla de agua o bajo flujo minimizan el riesgo para TI.
Mantenimiento de Sistemas de Agua	Incluye planificación de drenaje, limpieza de tuberías, revisión de válvulas y presión, e inspección de rociadores.
Tecnologías de Detección	Detección en múltiples capas: humo (ionización y fotoeléctrico), calor (temperatura fija y tasa de incremento) y detectores de llama (UV/IR). Se seleccionan según las condiciones del sitio y los riesgos de incendio.
Ubicación de Detectores y Zonificación	Los detectores se colocan según el flujo de aire, altura del techo, densidad de equipos y zonas de riesgo. El modelado de incendios ayuda a optimizar la cobertura.
Sistemas de Alarma y Comunicación	Integrados con plataformas BMS/DCIM para alertas en tiempo real, registro de eventos y acciones automáticas (por ejemplo, apagar HVAC, aislar energía).

Integración de Sistemas

La detección, supresión, alarmas, evacuación y sistemas de apagado deben integrarse y probarse conjuntamente. Los sistemas direccionables mejoran la precisión de respuesta.

Para que estas integraciones funcionen en tiempo real, el personal capacitado resulta crítico. Todos los ingenieros de instalaciones críticas y los equipos de seguridad contra incendios deben dominar el funcionamiento del sistema, incluyendo overrides manuales, procedimientos de emergencia y protocolos de reinicio. La capacitación debe combinar conocimiento teórico con simulacros prácticos. Los eventos simulados de incendio permiten familiarizar al personal con el comportamiento del sistema en condiciones reales, mejorando la toma de decisiones y reduciendo el pánico en incidentes verdaderos.

Garantizar el cumplimiento normativo constituye un componente esencial de la protección contra incendios en centros de datos. El acatamiento de códigos locales e internacionales contra incendios —como NFPA 75, NFPA 76, NFPA 2001, así como directrices de ISO y ASHRAE— orienta el diseño del sistema, las métricas de rendimiento y los protocolos de inspección. Las auditorías periódicas realizadas tanto por equipos internos de seguridad como por autoridades certificadoras externas aseguran que los sistemas de supresión de incendios estén plenamente operativos y en conformidad legal. Es imperativo documentar minuciosamente cada prueba, inspección y acción de mantenimiento, generando un historial completo que sirva para auditorías, validación de seguros y análisis posteriores a incidentes.

Las pruebas rutinarias del sistema deben abarcar la verificación de la funcionalidad de detectores individuales, comprobaciones de presión en sistemas de gas y agua, confirmación de señales de alarma y ejecución de simulaciones completas del sistema. Esto incluye pruebas funcionales trimestrales y anuales conforme a las recomendaciones del fabricante y las normativas. Los detectores también deben limpiarse periódicamente para prevenir falsas alarmas o deriva de sensores, especialmente en entornos con alto polvo.

En última instancia, un programa proactivo e integrado de protección contra incendios trasciende la mera obligación de seguridad: representa un pilar fundamental de la disponibilidad y la continuidad del negocio en el centro de datos. Aunque la incidencia de riesgos de incendio es estadísticamente baja en instalaciones bien gestionadas, el potencial de pérdidas catastróficas subraya la necesidad de sistemas y procesos integrales que aborden estos riesgos de manera efectiva.

Al combinar tecnologías avanzadas de detección, estrategias de supresión adecuadas, capacitación regular y un estricto cumplimiento normativo, los ingenieros de instalaciones críticas pueden garantizar que su infraestructura permanezca resiliente, reactiva y segura frente a una de las amenazas más graves en cualquier entorno de TI.

Seguridad física y planificación de respuesta ante emergencias

Asegurar la infraestructura física de un centro de datos requiere mucho más que disuasivos básicos: demanda una estrategia robusta y multicapa que integre control de acceso, vigilancia, detección de intrusiones y protocolos de respuesta ante emergencias bien practicados. El ingeniero de instalaciones críticas desempeña un rol central en este ecosistema, encargado de mantener la integridad, la capacidad de respuesta y la evolución continua de todos los sistemas de seguridad.

El control de acceso constituye la primera línea de defensa, garantizando que solo el personal autorizado pueda ingresar a las áreas seguras del centro de datos. Los sistemas convencionales de tarjetas de proximidad se utilizan ampliamente, permitiendo el acceso según niveles de autorización específicos por rol. Los lectores de proximidad y el seguimiento integrado de horarios mejoran la eficiencia y la trazabilidad. Los sistemas avanzados pueden incorporar autenticación biométrica —como escáneres de huellas dactilares o reconocimiento de iris— para minimizar el riesgo de robo de credenciales y mantener registros detallados de cada intento de acceso. Sin embargo, preservar la integridad del sistema va más allá de la instalación: las auditorías regulares resultan cruciales. A medida que evolucionan los roles del personal o se producen bajas, los derechos de acceso deben actualizarse de inmediato, revocarse credenciales obsoletas y revisarse los registros en busca de cualquier actividad sospechosa o no autorizada.

Íntimamente ligado al control de acceso se encuentra la vigilancia, particularmente mediante televisión de circuito cerrado (CCTV). Cámaras de alta resolución con funciones de paneo, inclinación y zoom, colocadas estratégicamente, monitorean puntos de entrada internos y externos. Sus datos se gestionan a través de sistemas centralizados de gestión de video (VMS), que permiten revisión en tiempo real y de grabaciones. El diseño de la vigilancia debe planificarse cuidadosamente para eliminar puntos ciegos y asegurar cobertura total de zonas sensibles como salas de servidores, cuartos eléctricos y muelles de carga. La iluminación adecuada resulta esencial para maximizar la visibilidad y la claridad de las imágenes. El ingeniero también debe garantizar que el almacenamiento de datos de video cumpla con los requisitos de retención para auditorías o análisis forenses en caso de brechas.

Para complementar el control de acceso y la vigilancia, los sistemas de detección de intrusiones (IDS) monitorean actividades no autorizadas mediante sensores de movimiento, contactos en puertas, detectores de vibración y alfombras de presión. Al detectar actividad irregular, estos sensores se comunican con el sistema central de monitoreo, que puede activar alarmas e iniciar un protocolo de respuesta predefinido. La integración de IDS con registros de acceso y CCTV proporciona una visión multidimensional de los eventos, permitiendo verificación y respuesta rápidas. La calibración resulta importante: factores ambientales como flujo de aire o fauna pueden generar falsas alarmas, por lo que los sensores deben ajustarse adecuadamente.

Más allá del mantenimiento rutinario, el ingeniero de instalaciones críticas actúa como primer respondedor ante alarmas e incidentes de seguridad. Al recibir una alerta, debe verificar su validez, evaluar amenazas potenciales e iniciar el protocolo correspondiente. Esto puede implicar coordinar con seguridad en sitio, analizar grabaciones de vigilancia, contactar a las fuerzas del orden o activar procedimientos de confinamiento. Tras cualquier incidente, el ingeniero realiza una investigación detallada, identifica vulnerabilidades y propone mejoras al sistema de seguridad. La documentación adecuada de los incidentes resulta crucial, incluyendo cronologías de eventos, acciones de respuesta, evaluaciones de daños y rendimiento del sistema, para prevenir futuros problemas.

Parte de esta supervisión continua de seguridad implica colaboración con proveedores externos de seguridad y fabricantes de tecnología. Los ingenieros coordinan auditorías de seguridad, supervisan actualizaciones y ayudan a integrar tecnologías emergentes para fortalecer la postura de seguridad del centro de datos. Estas relaciones aseguran que la instalación se beneficie de expertise actualizado mientras mantiene el cumplimiento normativo con estándares de la industria como ISO/IEC 27001 o SSAE 18. Así, el ingeniero de instalaciones críticas actúa como puente entre las operaciones internas y las mejores prácticas externas, formando un eslabón vital en la resiliencia general de seguridad del centro.

Si bien asegurar el centro de datos resulta esencial, también lo es prepararse para lo imprevisto. La planificación de respuesta ante emergencias no es una tarea única, sino una estrategia dinámica y en evolución diseñada para mitigar el impacto de incidentes que van desde fallos menores de equipo hasta desastres a gran escala. Un plan resiliente se caracteriza por procedimientos claros, roles bien definidos y capacitación continua.

La planificación efectiva comienza con una evaluación integral de riesgos. Esto implica no solo identificar peligros potenciales —incendios eléctricos, cortes prolongados de energía, fallos de HVAC o intrusiones físicas—, sino también evaluar la probabilidad y las consecuencias potenciales de cada uno. Los centros de datos en zonas propensas a inundaciones, cercanos a fallas sísmicas o en áreas urbanas con tasas elevadas de criminalidad enfrentan conjuntos de riesgos distintos. La evaluación también debe considerar dependencias operativas y sistemas críticos para el negocio. Solo con esta comprensión granular pueden establecerse prioridades, recursos y redundancias adecuadas en el plan de respuesta.

A partir de esta matriz de riesgos, el ingeniero desarrolla procedimientos detallados de respuesta adaptados a cada amenaza. Estos deben delinear con claridad cada acción a tomar, desde el momento en que se detecta la amenaza hasta el retorno a operaciones normales. Por ejemplo, una respuesta ante incendio podría implicar activar la alarma, evacuar al personal, disparar los sistemas de supresión y notificar a los servicios de emergencia. Deben asignarse roles específicos al personal, incluyendo quienes se comunican con los primeros respondedores, quienes aseguran la infraestructura y quienes monitorean el rendimiento del sistema durante el incidente. Ayudas visuales como diagramas de flujo codificados por colores o guías de referencia rápida laminadas pueden mejorar la claridad en momentos de alto estrés.

La comunicación ocupa un lugar central en cualquier respuesta de emergencia. Los protocolos internos deben establecer cadenas de mando claras y definir canales de comunicación, ya sea mediante radios bidireccionales, sistemas de alertas por SMS, buscapersonas o líneas directas dedicadas. Externamente, el centro de datos debe coordinar con servicios municipales de emergencia, administración de instalaciones y partes interesadas, incluidos clientes o inquilinos. El ingeniero es responsable de asegurar que estos sistemas se prueben regularmente y se documenten con claridad, con vías redundantes para garantizar funcionalidad incluso durante fallos de infraestructura.

Las pruebas son tan cruciales como la planificación. Los simulacros y ejercicios de emergencia regulares garantizan que todos comprendan su rol y que los sistemas funcionen como se espera. Estos ejercicios deben variar en alcance y complejidad, desde recorridos parciales hasta simulaciones a gran escala que reproduzcan escenarios reales como un brote de incendio, una falla del generador o una brecha de seguridad. Cada ejercicio debe concluir con un debrief estructurado, en el que se identifiquen brechas, demoras o fallos de comunicación. Los resultados se utilizan entonces para perfeccionar procedimientos y capacitar al nuevo personal. Con el tiempo, este proceso iterativo fortalece la preparación institucional e integra los protocolos de respuesta ante emergencias en las operaciones diarias.

Ciertas emergencias, como los cortes de energía, requieren atención especial debido a su potencial para desencadenar fallos en cadena. Un procedimiento dedicado debe detallar los pasos desde la detección hasta la resolución, incluyendo la verificación del estado de la red eléctrica, la activación del respaldo mediante los sistemas UPS y generadores, la notificación a las partes interesadas y la priorización del apagado seguro de sistemas no esenciales. Se debe extremar el cuidado para preservar la integridad de los datos durante todo el proceso, incluyendo apagados escalonados de servidores y secuencias preestablecidas de desconexión. El proceso de restauración debe incluir inspecciones sistemáticas, verificaciones del sistema y monitoreo ambiental antes de retornar a operaciones normales. Estos procedimientos deben probarse y refinarse al igual que cualquier otro, con simulaciones diseñadas para evaluar la capacidad total de recuperación ante un apagón completo.

Juntos, la seguridad física y la planificación de respuesta ante emergencias conforman los dos pilares de la resiliencia operativa. Las responsabilidades del ingeniero de instalaciones críticas en este ámbito van mucho más allá de una supervisión pasiva: participan activamente en el diseño de sistemas, la evaluación de amenazas, la respuesta a incidentes y la mejora continua. Mediante la integración de tecnologías multicapa y procedimientos humanos, el ingeniero contribuye a crear un entorno de centro de datos seguro, ágil y receptivo. Esta vigilancia asegura la seguridad tanto del personal como de la infraestructura, protege contra costosos tiempos de inactividad y sostiene la confianza que los clientes depositan en la confiabilidad de la instalación.

Las fallas de equipo representan otra disrupción potencial que exige una respuesta detallada. El plan debe incluir procedimientos específicos para cada tipo de equipo, delineando los pasos para aislar el componente defectuoso, realizar diagnósticos, iniciar reparaciones e implementar soluciones temporales si es necesario. Un inventario detallado de repuestos y equipo de reemplazo resulta esencial para minimizar el tiempo de inactividad. Esto incluye definir procedimientos de mantenimiento y el proceso para obtener componentes de sustitución. El plan también debe abordar los protocolos de comunicación para notificar a las partes relevantes, incluidos inquilinos y proveedores. Debe incluir disposiciones para manejar incidentes que involucren servicios externos de emergencia, como bomberos, policía o equipos médicos. Establecer procedimientos claros de comunicación y designar un punto de contacto para la interacción externa resulta fundamental. El plan debe detallar asimismo la ubicación del centro de datos, los puntos de acceso y cualquier peligro potencial, asegurando que esta información esté fácilmente accesible para los respondedores de emergencia. La creación de mapas y diagramas detallados que muestren la ubicación del equipo crítico, los sistemas de supresión de incendios y las salidas de emergencia puede resultar extremadamente útil para los respondedores.

En conclusión, un plan efectivo de respuesta ante emergencias es mucho más que un documento: es un marco dinámico y vivo que requiere revisión continua, refinamiento y práctica. Al combinar una evaluación exhaustiva de riesgos, planificación meticulosa, simulacros regulares y protocolos de comunicación claros, los operadores de centros de datos pueden mejorar significativamente su capacidad para responder eficazmente a incidentes de cualquier magnitud, minimizando disrupciones y protegiendo activos valiosos. Invertir en esta preparación no es solo un costo, sino una inversión en el éxito operativo sostenido y la seguridad del negocio. Además, un plan sólido de respuesta ante emergencias demuestra diligencia debida, satisface requisitos normativos y fortalece la resiliencia de la instalación frente a eventos imprevistos. El objetivo no es solo reducir el impacto de los incidentes, sino también aprender de cada uno para fortalecer la preparación futura.

Mantener la integridad y funcionalidad de los sistemas de seguridad de un centro de datos resulta primordial. Una postura de seguridad robusta no se limita a prevenir intrusiones físicas: implica establecer una defensa multicapa que anticipe y mitigue un amplio espectro de amenazas, desde accesos no autorizados hasta ciberataques sofisticados con posibles ramificaciones físicas. Esta sección profundiza en los aspectos cruciales del monitoreo y mantenimiento, enfatizando medidas preventivas para minimizar el riesgo de brechas de seguridad. Descuidar estos procedimientos puede derivar en pérdidas financieras sustanciales, daños reputacionales e incluso consecuencias legales.

Las inspecciones regulares constituyen la base de una gestión proactiva de la seguridad en centros de datos. Estas revisiones deben ir más allá de comprobaciones visuales superficiales y requerir exámenes sistemáticos y metódicos de cada componente de la infraestructura de seguridad. Los sistemas de control de acceso exigen atención detallada: los ingenieros deben verificar el funcionamiento de lectores de tarjetas, comprobar la integridad física de cerraduras y alineación de puertas, y auditar las bases de datos de acceso en busca de inconsistencias. Cualquier anomalía —lectores con fallos, entradas forzadas o patrones de acceso irregulares— debe investigarse de inmediato. Cada inspección debe documentarse exhaustivamente, con registros que detallen fecha, hora y cualquier problema identificado. Estos registros no solo facilitan la resolución de problemas, sino que también sirven como evidencia crítica en auditorías de seguridad o investigaciones.

Aunque el hardware físico es importante, el software y la infraestructura de red que soportan estos sistemas requieren igual escrutinio. Las actualizaciones regulares del software de control de acceso son vitales para abordar vulnerabilidades y mantener compatibilidad con estándares de seguridad modernos. Estas actualizaciones deben implementarse de forma controlada y con mínima disrupción. Al mismo tiempo, la infraestructura de red asociada debe someterse a auditorías periódicas para detectar puntos de acceso no autorizados, verificar configuraciones de firewalls y asegurar que no existan brechas latentes. Las pruebas de penetración —a menudo realizadas por especialistas en ciberseguridad— pueden simular ataques del mundo real y revelar fallos críticos. Los hallazgos de estas pruebas informan acciones correctivas y estrategias de fortalecimiento del sistema a largo plazo.

Los sistemas CCTV también requieren un mantenimiento constante y detallado. Estos sistemas proporcionan registros visuales de la actividad interna y externa, formando una capa clave de seguridad. Las inspecciones rutinarias deben confirmar que cada cámara funcione correctamente, produzca imágenes claras y mantenga una conexión continua con su dispositivo de grabación. Las tareas de mantenimiento incluyen limpieza de lentes, verificación de manipulaciones y confirmación de que los ángulos de campo de visión permanecen óptimos. La colocación de cámaras debe reevaluarse periódicamente para eliminar puntos ciegos emergentes a medida que evolucionan las disposiciones o configuraciones de equipo. Los ingenieros también deben probar la capacidad de almacenamiento y respaldo del sistema de grabación para garantizar que las imágenes se retengan conforme a requisitos normativos y estén protegidas contra pérdida o corrupción.

Seguridad física y planificación de respuesta ante emergencias: Resumen

Tema	Descripción
Sistemas de Control de Acceso	Utilizar tarjetas, lectores de proximidad y biometría para acceso basado en roles. Requiere auditorías periódicas y revocación oportuna de credenciales obsoletas.
Vigilancia (CCTV)	Cámaras de alta resolución, ubicadas estratégicamente y monitoreadas mediante VMS. Asegurar cobertura total, retención de grabaciones y claridad. Inspeccionar y probar regularmente para un rendimiento óptimo.
Detección de Intrusiones (IDS)	Sensores de movimiento, contactos de puertas y detectores de vibración activan alertas, los cuales se integran con registros de acceso y CCTV para verificación. Deben ajustarse para evitar falsas alarmas.
Rol del Ingeniero de Seguridad	Actúa como primer respondiente ante alertas, verifica incidentes, coordina con seguridad y autoridades, y realiza investigaciones y seguimientos.

Coordinación con Proveedores y Cumplimiento	Los ingenieros coordinan con proveedores externos, realizan auditorías y aseguran el cumplimiento de estándares (ej., ISO/IEC 27001, SSAE 18).
Evaluación de Riesgos	Identificar y evaluar amenazas potenciales (incendios, fallas eléctricas, intrusiones) según ubicación e instalación. Ajustar planes de respuesta en consecuencia.
Procedimientos de Emergencia	Definir acciones para cada escenario (incendio, intrusión), asignar roles, utilizar ayudas visuales para claridad y establecer protocolos de escalamiento.
Sistemas de Comunicación de Emergencia	Definir canales de comunicación internos y externos (radios, SMS, líneas directas). Asegurar redundancia y pruebas periódicas.
Simulacros y Ejercicios de Emergencia	Realizar simulacros completos o parciales para practicar roles, verificar el desempeño del sistema e identificar debilidades. Utilizar los hallazgos para mejorar los planes.
Protocolos ante Fallas Eléctricas	Incluir verificación de la red eléctrica, activación de UPS/generadores, notificación a interesados y apagado seguro de sistemas no esenciales. Probar regularmente.
Respuesta ante Fallas de Equipos	Definir pasos para aislar, diagnosticar, reparar o reemplazar componentes fallidos. Mantener inventario de repuestos y notificar a las partes interesadas.
Coordinación con Servicios de Emergencia	Establecer protocolos de contacto, compartir mapas, datos de riesgos y puntos de acceso con

	los equipos de respuesta. Asignar personal de enlace.
Monitoreo y Mantenimiento de Seguridad	Inspeccionar control de acceso, cerraduras, registros y sistemas de alarma. Investigar anomalías y mantener registros precisos con marca de tiempo.
Seguridad de Software y Red	Actualizar software regularmente, realizar auditorías y pruebas de penetración para identificar vulnerabilidades. Proteger la infraestructura de red.
Sistema CCTV – Mantenimiento	Verificar calidad de imagen, conexiones y ángulos de cámara. Limpiar lentes, probar almacenamiento/respaldo y eliminar puntos ciegos.

Los sistemas de detección de intrusiones (IDS) constituyen otra línea de defensa esencial, utilizando detectores de movimiento, sensores de vibración e interruptores de contacto para identificar intentos de acceso no autorizado. Integrados con plataformas de CCTV y control de acceso, estos sistemas proporcionan alertas en tiempo real y correlación de incidentes. El mantenimiento de los IDS incluye verificar la respuesta y sensibilidad de cada sensor, así como confirmar que la lógica de alarmas funcione según lo previsto. Las falsas alarmas son un problema frecuente y deben abordarse mediante una calibración cuidadosa y ajustes ambientales, reduciendo activaciones innecesarias sin comprometer la seguridad. La revisión de los registros del sistema ayuda a identificar anomalías recurrentes o debilidades, ofreciendo información valiosa para refinar el sistema y ajustar las medidas de seguridad física.

La seguridad efectiva trasciende los componentes individuales y depende en gran medida de una integración fluida entre sistemas. Las plataformas analíticas sofisticadas permiten ahora una coordinación en tiempo real entre control de acceso, CCTV e IDS. Estos sistemas agregan y correlacionan datos para detectar patrones sospechosos, como intentos repetidos de acceso, movimientos anómalos o entradas no autorizadas fuera de horario. Las pruebas funcionales regulares aseguran que estas plataformas integradas operen sin errores y que sus funciones de alerta automática funcionen correctamente. Los procedimientos de respaldo y las capacidades de conmutación por error también deben probarse periódicamente para confirmar que los datos se preservarán y permanecerán accesibles ante fallos inesperados o ciberataques.

Los fallos reales demuestran el alto costo de descuidar el mantenimiento proactivo de la seguridad. En un caso notable, un centro de datos sufrió una brecha debido a un software de control de acceso obsoleto que permitió a atacantes eludir los protocolos de autenticación. Esto resultó en acceso no autorizado a servidores críticos, ocasionando una costosa filtración de datos y daños reputacionales. En otro incidente, un sistema CCTV descuidado no registró un robo porque una cámara con fallo pasó desapercibida durante las revisiones rutinarias. Estos ejemplos subrayan la importancia de un mantenimiento constante: incluso pequeñas omisiones pueden derivar en consecuencias graves.

Mantenerse al día con la evolución tecnológica resulta igualmente esencial. Los sistemas de seguridad que hace cinco años eran de vanguardia pueden hoy estar desactualizados y ser vulnerables. Las actualizaciones estratégicas deben incluir controles de acceso biométricos avanzados, analítica de video potenciada por IA y tecnologías de detección de intrusiones capaces de responder a amenazas modernas. Estas mejoras deben implementarse con cuidado, preferiblemente mediante un despliegue por fases que permita pruebas rigurosas y mínima disrupción operativa. La compatibilidad con la infraestructura existente debe evaluarse tempranamente en la planificación para evitar problemas de integración y preservar la integridad de los datos durante las transiciones.

Igualmente importante es la capacitación y preparación del personal encargado de operar y monitorear estos sistemas. Los ingenieros y el equipo de seguridad deben dominar el uso de cada sistema, interpretar alarmas con precisión y responder con rapidez y eficacia. La formación no debe limitarse a aspectos técnicos, sino incluir simulaciones y ejercicios prácticos que reproduzcan escenarios reales de seguridad. El personal debe comprender tanto los protocolos procedimentales como la lógica subyacente del comportamiento de los sistemas, lo que les permite tomar decisiones más informadas bajo presión. Desarrollar habilidades analíticas resulta especialmente valioso para identificar patrones sutiles de comportamiento y correlacionar alertas dispersas en información significativa y accionable.

En última instancia, el mantenimiento proactivo de la seguridad representa una inversión clave en la resiliencia y confiabilidad a largo plazo del centro de datos. Mediante inspecciones exhaustivas, registros detallados, actualizaciones de infraestructura y capacitación del personal, los operadores pueden reducir significativamente el riesgo de brechas, prevenir incidentes costosos y preservar la confianza de las partes interesadas. El gasto en mantenimiento preventivo resulta mínimo frente al daño financiero y reputacional que conlleva un fallo de seguridad. En un panorama donde las amenazas evolucionan constantemente, mantener un enfoque de seguridad multicapa, proactivo y adaptable no es solo una buena práctica: es una necesidad empresarial.

El objetivo no se limita a reaccionar ante amenazas, sino a construir un sistema que las disuada, detecte y neutralice antes de que escalen, asegurando la protección ininterrumpida tanto de los activos físicos como digitales.

Capítulo 5: Eficiencia y optimización en centros de datos

Efectividad del Uso de Energía (PUE)

Comprender la Efectividad del Uso de Energía (PUE, por sus siglas en inglés) resulta esencial para optimizar la eficiencia de un centro de datos. Como métrica ampliamente aceptada, el PUE cuantifica la eficacia con la que una instalación utiliza la energía al comparar el consumo total de la instalación con la potencia consumida específicamente por el equipo de TI. Un PUE más bajo indica mayor eficiencia energética y rentabilidad, alineándose estrechamente con los objetivos de sostenibilidad. Aunque la fórmula es sencilla, su interpretación requiere una comprensión matizada de la infraestructura y las operaciones.

La fórmula básica es:

PUE = Potencia total de la instalación / Potencia del equipo de TI

La potencia total de la instalación incluye toda la energía utilizada en el centro de datos, como sistemas de refrigeración (unidades CRAC y chillers), distribución de energía (PDU), iluminación, sistemas de seguridad y otros equipos de soporte. La potencia del equipo de TI se refiere específicamente al consumo de servidores, dispositivos de almacenamiento y hardware de red. Los cálculos precisos de PUE dependen de mediciones exactas de ambos valores, generalmente obtenidas mediante medidores de potencia estratégicamente ubicados y complementadas con datos en tiempo real provenientes de plataformas de Gestión de Infraestructura de Centros de Datos (DCIM).

Interpretar el PUE exige contexto. Un PUE perfecto de 1.0 significaría que toda la energía se destina exclusivamente al hardware de TI, algo prácticamente inalcanzable debido al sobrecosto necesario de refrigeración e iluminación. En la práctica, un PUE por debajo de 1.2 se considera excelente; entre 1.2 y 1.5 es bueno; cualquier valor superior a 1.5 sugiere un amplio margen de mejora en eficiencia. Sin embargo, los puntos de referencia varían según el clima, el diseño de la instalación y el tipo de hardware. Por ejemplo, los centros de datos en climas cálidos suelen presentar PUE más altos debido a las mayores demandas de refrigeración.

El monitoreo del PUE a lo largo del tiempo resulta crítico para identificar ineficiencias y orientar mejoras. Un aumento en el PUE puede señalar un deterioro en el rendimiento de refrigeración, envejecimiento del equipo o una distribución de energía deficiente. Por el contrario, un PUE descendente refleja una gestión energética exitosa. Analizar el PUE junto con otros indicadores de rendimiento permite a los operadores diagnosticar problemas de forma proactiva y ajustar sus operaciones, reduciendo tanto costos como impacto ambiental.

Múltiples factores influyen en el PUE de una instalación. El principal es la eficiencia del sistema de refrigeración. Unidades obsoletas o sobredimensionadas incrementan el consumo energético, especialmente si el flujo de aire está mal gestionado. Los puntos calientes causados por racks desalineados o rutas de aire bloqueadas suelen llevar a un sobre-enfriamiento. Soluciones modernas como refrigeración líquida o enfriamiento por aire libre ofrecen beneficios significativos. Las mejores prácticas, como la contención de pasillos calientes/fríos y la disposición optimizada de racks de servidores, mejoran aún más el flujo de aire y la eficiencia de refrigeración.

La infraestructura de distribución de energía también juega un rol crítico. Las PDU ineficientes o envejecidas contribuyen a pérdidas de potencia, elevando el consumo general. Reemplazarlas por unidades modernas con monitoreo y equilibrio de cargas mejora la distribución energética y reduce desperdicios. Distribuir estratégicamente las cargas entre PDU asegura un uso uniforme de la energía, previniendo sobrecargas en circuitos y reduciendo la tensión innecesaria en los componentes de potencia.

La elección y el estado del hardware de TI son igualmente importantes. Los servidores antiguos suelen carecer de funciones de ahorro energético y consumen más potencia. Actualizar a modelos más recientes y eficientes —diseñados con gestión de energía en mente— puede reducir significativamente la carga de TI. La virtualización y la consolidación de servidores ayudan a minimizar el uso innecesario de energía, mientras que el retiro de equipo obsoleto asegura que solo los dispositivos esenciales consuman potencia.

Las prácticas operativas también impactan directamente en el PUE. Una planificación inteligente de capacidad evita las ineficiencias asociadas al sobreaprovisionamiento. El mantenimiento rutinario tanto del equipo de TI como de la infraestructura ayuda a preservar la eficiencia energética, mientras que sistemas robustos de monitoreo detectan anomalías antes de que escalen. Políticas automatizadas de apagado para hardware inactivo, junto con la aplicación estricta de configuraciones de gestión de energía, apoyan aún más la conservación energética.

Ejemplos reales ilustran claramente la importancia del PUE. Un centro de datos heredado que dependa de refrigeración obsoleta y flujo de aire desorganizado podría operar con un PUE de 2.0 o superior. En contraste, una instalación bien diseñada que utilice técnicas avanzadas de refrigeración, servidores virtualizados y monitoreo energético en tiempo real puede mantener un PUE por debajo de 1.5. Las diferencias en costos operativos e impacto ambiental entre estas instalaciones pueden ser sustanciales, lo que refuerza el valor de las actualizaciones estratégicas.

Reducir el PUE requiere un enfoque multifacético. Las estrategias clave incluyen reemplazar sistemas de refrigeración y PDU ineficientes, adoptar métodos avanzados como refrigeración líquida o por aire libre, y mejorar el flujo de aire mediante una mejor disposición de racks y estrategias de contención. Igualmente importante es implementar hardware de TI eficiente energéticamente y consolidar cargas de trabajo mediante virtualización. Retirar regularmente equipo obsoleto asegura que solo los dispositivos necesarios consuman energía. En conjunto, estas estrategias promueven una operación de centro de datos más ligera, más verde y más resiliente.

Además de las actualizaciones de infraestructura, las mejores prácticas operativas juegan un rol crucial en la reducción del PUE. Implementar políticas efectivas de gestión de energía —como programar mantenimientos de servidores en horas de baja demanda y utilizar funciones automáticas de apagado para equipo inactivo— ayuda a minimizar el desperdicio energético innecesario. El mantenimiento regular y las revisiones preventivas de sistemas de refrigeración y unidades de distribución de energía resultan vitales para mantener una eficiencia óptima y prevenir picos de consumo causados por fallos inesperados del equipo. El monitoreo y análisis continuos del PUE, junto con otras métricas operativas, permiten detectar problemas tempranamente y realizar ajustes proactivos que impulsan la optimización energética.

Importante destacar que la eficiencia de un centro de datos no se reduce solo a ahorros en costos operativos. Reducir el PUE disminuye directamente la huella de carbono, alineándose con el creciente enfoque de la industria tecnológica en sostenibilidad. Al adoptar estrategias que bajen el PUE, los operadores de centros de datos contribuyen a crear una infraestructura más verde al tiempo que reducen los costos energéticos. Mejorar el PUE es un proceso continuo que requiere refinamiento constante, monitoreo y adaptación a nuevas tecnologías y necesidades operativas cambiantes. Un enfoque integral —que combine actualizaciones de infraestructura física con políticas operativas mejoradas— resulta esencial para alcanzar una eficiencia energética y una responsabilidad ambiental a largo plazo. Cada vez más, los operadores adoptan estrategias proactivas y de largo plazo que incorporan prácticas sostenibles a lo largo de todo el ciclo de vida del centro de datos.

Respaldad o por un análisis continuo del rendimiento y herramientas de monitorización predictiva.

Junto a estos esfuerzos, el equilibrio de carga y la planificación de la capacidad son fundamentales para garantizar un rendimiento fiable y la eficiencia de los recursos en los centros de datos modernos.

Eficacia en el Uso de la Energía (PUE) y visión general de la eficiencia de los centros de datos

Tema	Descripción
Potencia Total de la Instalación vs. Potencia de Equipos TI	La potencia total de la instalación incluye todos los sistemas (enfriamiento, iluminación, PDUs, etc.), así como los equipos de TI. La potencia de TI incluye servidores, almacenamiento y redes. **PUE = Potencia Total / Potencia TI.**
Comprendiendo el PUE	Un PUE de 1.0 es ideal pero poco realista. Un valor de <1.2 es excelente, 1.2–1.5 es bueno y >1.5 sugiere ineficiencias. El clima y el diseño de la instalación afectan los valores.
Monitoreo del PUE en el Tiempo	Las tendencias del PUE revelan problemas o mejoras. Un PUE en aumento puede indicar sistemas envejecidos o ineficiencias; un PUE en descenso refleja optimización exitosa.
Eficiencia del Sistema de Enfriamiento	Sistemas de enfriamiento obsoletos incrementan el consumo energético. Estrategias como contención de pasillos frío/caliente, enfriamiento líquido y free cooling mejoran el rendimiento.
Infraestructura de Distribución de Energía	PDUs ineficientes u obsoletos generan pérdidas de energía. Actualizar a PDUs monitoreadas y balanceadas mejora la distribución y reduce desperdicios.
Eficiencia del Hardware de TI	Servidores más nuevos con funciones de gestión energética consumen menos energía.

	La virtualización y la descomisión reducen la carga inactiva.
Prácticas Operativas	Planificación inteligente de capacidad, mantenimiento proactivo, políticas de apagado de equipos inactivos y detección de anomalías optimizan la eficiencia.
Ejemplos del Mundo Real	Centros heredados pueden tener PUE >2.0; centros optimizados con tecnologías modernas pueden lograr PUE <1.5.
Estrategias para Reducir el PUE	Actualizar enfriamiento y PDUs, mejorar el flujo de aire, adoptar virtualización y eliminar equipos obsoletos para reducir el consumo energético.
Políticas de Gestión de Energía	Programar mantenimiento en horas de baja demanda, automatizar apagados de equipos inactivos y mantener la infraestructura para evitar desperdicios.
Sostenibilidad e Impacto Ambiental	Reducir el PUE disminuye la huella de carbono y apoya objetivos ambientales, además de generar ahorros de costos.
Optimización Continua	La mejora del PUE requiere actualizaciones constantes, disciplina operativa y adaptación a nuevas tecnologías.
Balanceo de Carga y Planificación de Capacidad	Esencial para distribuir la energía de manera uniforme y garantizar un rendimiento confiable en todas las cargas de trabajo.

Equilibrio de carga

Un equilibrio de carga eficaz distribuye el tráfico entrante y las cargas de trabajo de manera uniforme entre múltiples servidores o sistemas, garantizando que ningún recurso individual se vea sobrecargado. Esto mejora el rendimiento de las aplicaciones, la estabilidad del sistema y la utilización de los recursos. Existen distintos métodos en función de las necesidades arquitectónicas y la escala del entorno.

1. Equilibrio de carga por hardware

Este método emplea dispositivos dedicados —comúnmente conocidos como balanceadores de carga o Controladores de Entrega de Aplicaciones (ADC)— situados entre los usuarios y los servidores. Estos dispositivos aplican algoritmos como:

- **Round-robin**: distribuye el tráfico de forma secuencial.
- **Menor número de conexiones**: dirige el tráfico al servidor con menor carga.

- **Hashing de IP de origen**: asigna de forma consistente un cliente al mismo servidor para mantener la persistencia de sesión.

Los balanceadores de carga por hardware son ideales para entornos de alto tráfico, ya que ofrecen escalabilidad, comprobaciones de estado y capacidades de conmutación por error para mantener la disponibilidad y el rendimiento.

2. Equilibrio de carga por software

Este enfoque utiliza programas como HAProxy, Nginx o Apache para distribuir el tráfico entre servidores. Aunque resulta más económico y flexible que las soluciones de hardware, su escalabilidad y rendimiento dependen de la capacidad del servidor anfitrión. Estas herramientas siguen proporcionando funciones críticas, como la gestión del tráfico, la persistencia de sesión y la tolerancia a fallos.

3. Equilibrio de carga a nivel de aplicación

Diseñado para aplicaciones con múltiples capas de servicio (por ejemplo, capas web, de aplicación y de base de datos), este método dirige el tráfico en función de la lógica de la aplicación y la demanda. Es útil para cargas de trabajo complejas que requieren conocimiento de sesión y estrategias de balanceo específicas por capa.

Un equilibrio de carga eficaz no es estático: depende de la monitorización continua. Herramientas como los sistemas DCIM y los monitores de rendimiento de red proporcionan visibilidad en tiempo real del uso de recursos y los patrones de tráfico. Con base en estos datos, los administradores pueden ajustar configuraciones y, cuando sea necesario, recurrir al escalado automatizado para aprovisionar o retirar servidores dinámicamente en respuesta a las fluctuaciones de la demanda.

Planificación de la capacidad

La planificación de la capacidad garantiza que la infraestructura pueda sostener las operaciones actuales y el crecimiento previsto sin sobredimensionamiento. Un marco sólido de planificación suele seguir cinco pasos clave:

1. Previsión de la demanda futura

Los datos históricos sobre el uso de recursos (CPU, memoria, almacenamiento, ancho de banda) se analizan mediante técnicas como:

- Análisis de tendencias
- Modelización por regresión
- Simulaciones de Monte Carlo

Esta previsión debe considerar el crecimiento del negocio, las variaciones estacionales y las tecnologías futuras que podrían afectar la carga.

2. Evaluación de la capacidad actual

Una evaluación de referencia identifica las capacidades de la infraestructura existente y los posibles cuellos de botella. Los componentes clave evaluados incluyen servidores, almacenamiento, redes y sistemas ambientales como refrigeración y distribución de energía.

3. Determinación de las necesidades futuras de capacidad

A partir de las previsiones y la evaluación actual, este paso calcula la infraestructura adicional necesaria, teniendo en cuenta:
• Tasas de crecimiento proyectadas
• Próximos despliegues de aplicaciones
• Ciclos de renovación de la infraestructura
Debe incluirse un margen de seguridad para absorber incrementos imprevistos de la demanda.

4. Elaboración de un plan de capacidad

Este plan debe definir:
• Un calendario de adquisición e implementación
• La asignación presupuestaria
• La evaluación de riesgos y estrategias de mitigación
Asimismo, debe garantizar que las tecnologías seleccionadas permitan la escalabilidad futura y la integración con los sistemas existentes.

5. Monitorización y revisión

Tras la implementación, los planes de capacidad deben revisarse de forma continua. Las herramientas de monitorización validan las previsiones frente al uso real e identifican discrepancias de forma temprana, lo que permite realizar ajustes oportunos.

Las herramientas de apoyo incluyen:

• **Sistemas DCIM (Data Center Infrastructure Management)**: proporcionan datos integrados en tiempo real sobre la utilización de recursos y el entorno.

• **Herramientas de monitorización del rendimiento**: realizan el seguimiento de métricas como la carga de CPU, la memoria y el ancho de banda para identificar puntos de tensión.

• **Técnicas de previsión estadística**: herramientas como el suavizado exponencial y el análisis de series temporales refinan las predicciones de la demanda.

• **Modelado por simulación**: permite la planificación basada en escenarios para probar distintas estrategias de infraestructura.

Impacto en el mundo real

Las organizaciones que descuidan el equilibrio de carga o no planifican la capacidad se exponen a consecuencias graves. Por ejemplo, una empresa sufrió interrupciones y problemas de rendimiento durante el lanzamiento de un producto importante debido a una subestimación de la demanda máxima. Otra experimentó fallos reiterados en servidores cuando el tráfico centralizado saturó sus servidores principales de aplicaciones. En cambio, las empresas que invierten en estrategias integradas de planificación y balanceo informan de mayores niveles de disponibilidad, menores costes operativos y sistemas más escalables que se adaptan con fluidez al crecimiento.

Al aprovechar previsiones precisas, herramientas avanzadas de monitorización y estrategias adaptativas, los gestores de centros de datos pueden optimizar el rendimiento y garantizar la sostenibilidad de la infraestructura a largo plazo. El equilibrio de carga y la planificación de la capacidad no son funciones aisladas: son fundamentales para mantener la fiabilidad del servicio, controlar los costes y respaldar el crecimiento empresarial. A medida que se intensifica la demanda de potencia de cómputo, estas disciplinas seguirán siendo centrales en la evolución de la ingeniería de instalaciones críticas.

La eficiencia energética es crucial en las operaciones de los centros de datos, ya que influye de manera significativa tanto en los costes operativos como en la sostenibilidad ambiental. Reducir el consumo de energía sin sacrificar el rendimiento requiere un enfoque integral que abarque el diseño de la infraestructura, la elección de equipos y las prácticas operativas. Esta sección explora estrategias prácticas para mejorar la eficiencia energética en centros de datos, haciendo hincapié en técnicas probadas y resultados medibles.

Uno de los mayores consumidores de energía en un centro de datos es el sistema de refrigeración. Optimizar su eficiencia comienza con un diseño cuidadoso y la selección de tecnologías de refrigeración adecuadas. Los métodos tradicionales, como los acondicionadores de aire para salas de informática (CRAC) y los manejadores de aire (CRAH), aunque ampliamente utilizados, a menudo pueden mejorarse. Los centros de datos modernos recurren cada vez más a enfoques más eficientes, entre ellos:

Refrigeración con aire exterior (free cooling): esta técnica utiliza el aire ambiente para refrigerar, eliminando o reduciendo la necesidad de sistemas mecánicos de refrigeración. Resulta más eficaz en climas con temperaturas constantemente bajas y baja humedad. Su implementación implica diseñar el centro de datos con ventilación suficiente y sistemas de filtrado de aire que garanticen un flujo adecuado y eviten la entrada de polvo y contaminantes. La eficacia de este método puede mejorarse significativamente mediante economizadores que cambian automáticamente al uso de aire exterior cuando las condiciones ambientales lo permiten. La monitorización precisa del entorno térmico y la predicción de las condiciones ambientales son esenciales para aprovechar esta estrategia de manera eficiente.

Mejora de la gestión del flujo de aire: un flujo de aire eficiente dentro del centro de datos es fundamental para minimizar el consumo energético de la refrigeración. Esto implica planificar cuidadosamente la disposición de los racks de servidores, optimizar la contención de pasillos mediante la separación de pasillos fríos y calientes y asegurar el espacio adecuado para la circulación del aire. Los suelos técnicos elevados pueden ayudar a gestionar eficazmente el flujo de aire, dirigiendo el aire frío hacia los servidores y expulsando el aire caliente por separado. La disposición de los racks —especialmente su densidad y orientación— influye de forma decisiva en los patrones de flujo de aire. Herramientas como las simulaciones de dinámica de fluidos computacional (CFD) permiten visualizar estos patrones e identificar puntos calientes o zonas con mala circulación. El mantenimiento regular, incluida la limpieza y sustitución de filtros, es esencial para preservar un flujo óptimo y evitar la degradación del rendimiento. Además, el uso de paneles ciegos para sellar espacios vacíos en los racks mejora aún más la eficiencia del flujo de aire.

Refrigeración líquida: las tecnologías de refrigeración líquida ofrecen una alternativa más eficiente que la refrigeración por aire, especialmente en entornos de computación de alta densidad. Los sistemas de refrigeración líquida directa al chip enfrían directamente los procesadores, logrando una capacidad de disipación térmica significativamente superior. Métodos indirectos, como la refrigeración por inmersión, sumergen los servidores en un fluido dieléctrico que elimina el calor con mayor eficacia que el aire. Aunque estos métodos requieren una inversión inicial mayor, el ahorro energético a largo plazo puede ser considerable, especialmente a medida que aumenta la densidad de los servidores. La selección de refrigerantes adecuados y el diseño de la infraestructura de refrigeración líquida requieren una cuidadosa consideración de aspectos como la seguridad, la corrosión y el mantenimiento. Comprender las diferencias entre los métodos directos e indirectos es clave para elegir la solución óptima según las necesidades específicas de cada centro de datos.

Más allá de la optimización de los sistemas de refrigeración, el uso de equipos energéticamente eficientes es esencial para reducir el consumo global. Esto implica seleccionar:

Fuentes de alimentación de alta eficiencia (PSU): las fuentes modernas con clasificaciones de eficiencia más elevadas (por ejemplo, 80 PLUS Platinum o Titanium) reducen significativamente las pérdidas de energía. Su adopción constituye una medida relativamente sencilla pero de gran impacto en la optimización energética. El uso de tecnología de corrección del factor de potencia (PFC) también contribuye a mejorar la eficiencia. A largo plazo, el ahorro energético compensa la inversión inicial en fuentes más eficientes. Se recomienda realizar mantenimiento periódico y pruebas regulares para garantizar su rendimiento óptimo.

Servidores y equipos de red energéticamente eficientes: los servidores y dispositivos de red con certificación Energy Star cumplen requisitos específicos de eficiencia energética, reduciendo el consumo total de energía. La selección de estos equipos debe integrarse en la estrategia de planificación de la capacidad del centro de datos, optimizando tanto el rendimiento como la eficiencia. El uso de máquinas virtuales (VM) y técnicas de virtualización de servidores también puede mejorar la eficiencia energética al consolidar las cargas de trabajo en menos servidores físicos, reduciendo la capacidad ociosa.

Iluminación LED: sustituir la iluminación tradicional por opciones LED reduce considerablemente el consumo energético y prolonga la vida útil del sistema de iluminación. El coste inicial de la iluminación LED se compensa con un ahorro significativo en electricidad y menores gastos de mantenimiento. Un diseño y una disposición adecuados de la iluminación son esenciales para proporcionar una iluminación suficiente y evitar el desperdicio de energía.

La implementación de estrategias inteligentes de gestión de la energía mejora aún más la eficiencia energética. Entre ellas se incluyen:

Monitorización y optimización del Power Usage Effectiveness (PUE)

El seguimiento periódico del Power Usage Effectiveness (PUE) es fundamental para comprender y mejorar la eficiencia global del centro de datos. Como métrica clave, el PUE ofrece una visión clara de cuán eficazmente se utiliza la energía, poniendo de manifiesto ineficiencias en sistemas de soporte como la refrigeración y la distribución eléctrica. Al identificar áreas con valores elevados de PUE, los operadores pueden detectar ineficiencias específicas y priorizar mejoras. Entre las intervenciones más habituales se encuentran la optimización de la gestión del flujo de aire, la modernización de las tecnologías de refrigeración, el equilibrio más eficiente de las cargas de los servidores y la mejora del rendimiento de las unidades de distribución de energía (PDU).

La monitorización continua —preferiblemente integrada en una plataforma DCIM o de gestión energética— permite seguir tendencias a lo largo del tiempo y actuar de forma proactiva. Por ejemplo, un aumento gradual del PUE puede indicar fallos en el sistema de refrigeración, estrategias de contención mal ajustadas o componentes de infraestructura con bajo rendimiento. Mediante análisis en tiempo real y evaluación de tendencias, los centros de datos pueden adoptar medidas oportunas para mantener la eficiencia operativa.

Gestión dinámica de la energía

Las técnicas de gestión dinámica de la energía ofrecen un control detallado del consumo, ajustándolo en tiempo real a la demanda de las cargas de trabajo. Estrategias como el power capping permiten establecer límites máximos de consumo energético de los servidores sin comprometer el rendimiento, mientras que la programación energética posibilita reducir el consumo durante periodos de baja utilización. Cuando se aplican correctamente, estas estrategias no solo reducen el desperdicio de energía, sino que también prolongan la vida útil de los equipos al evitar su uso excesivo fuera de las horas punta.

La implementación eficaz de la gestión dinámica de la energía depende de previsiones de demanda precisas y de una comprensión sólida de los patrones de carga de los servidores. La integración con herramientas de monitorización y plataformas de automatización inteligente facilita la aplicación de ajustes en tiempo real basados en proyecciones de carga. Este enfoque flexible contribuye a reducir el PUE y mejorar el control de costes, garantizando al mismo tiempo un rendimiento constante bajo cargas variables.

Consolidación y virtualización de servidores

La virtualización constituye una estrategia fundamental para reducir el consumo energético en los centros de datos. Al consolidar las cargas de trabajo en un menor número de servidores físicos, las organizaciones pueden disminuir significativamente su huella energética y optimizar el uso del espacio. Las plataformas de virtualización permiten equilibrar eficientemente las cargas y facilitan la retirada o reutilización de sistemas heredados, eliminando equipos inactivos con alto consumo energético.

Un diseño y una planificación cuidadosos son esenciales para lograr ratios de consolidación óptimos sin comprometer el rendimiento. Esto implica analizar el comportamiento de las cargas de trabajo, comprender las interdependencias entre aplicaciones y supervisar la densidad de máquinas virtuales (VM) por host. Cuando se implementa correctamente, la virtualización no solo reduce los costes energéticos, sino que también simplifica la gestión y mejora la escalabilidad.

Impacto real de las iniciativas de eficiencia energética

Numerosos centros de datos han aplicado con éxito estas estrategias, obteniendo resultados tangibles. Por ejemplo:

Un centro de datos a gran escala integró refrigeración con aire exterior junto con una mejor contención del flujo de aire, reduciendo su consumo energético anual en un 20 %.

Otra instalación adoptó servidores y equipos de red de nueva generación energéticamente eficientes, logrando una reducción del 15 % en el consumo total de energía.

Estos casos demuestran que las iniciativas de eficiencia energética aportan más que beneficios medioambientales: también generan sólidos retornos financieros. Muchas instalaciones informan de un retorno de la inversión superior al esperado, lo que convierte estas medidas en soluciones tanto rentables como sostenibles. El éxito depende de un enfoque estructurado y basado en datos, que incluya el uso de plataformas de gestión energética con herramientas avanzadas de análisis e informes capaces de automatizar la optimización y señalar áreas de mejora. Las auditorías energéticas periódicas y las revisiones de rendimiento también contribuyen a garantizar un progreso continuo y a justificar nuevas inversiones en eficiencia.

Optimización de costes más allá del ahorro energético

La optimización de costes en la operación de centros de datos va mucho más allá de la eficiencia energética. Una estrategia integral abarca la planificación del mantenimiento preventivo, la gestión de proveedores y la adopción estratégica de tecnologías, todo ello orientado a reducir los gastos operativos sin sacrificar la fiabilidad ni el rendimiento.

Planificación proactiva del mantenimiento

El mantenimiento reactivo —esperar a que surjan problemas— suele derivar en elevados costes de reparación de emergencia y tiempos de inactividad no planificados. En cambio, un enfoque preventivo, respaldado por un sistema informatizado de gestión del mantenimiento (CMMS), garantiza inspecciones, limpiezas y sustituciones de componentes de forma regular, basadas en las recomendaciones del fabricante y en datos históricos de rendimiento.

Las analíticas avanzadas y las tecnologías de sensores permiten el mantenimiento predictivo, lo que facilita a los ingenieros detectar señales tempranas de degradación de los equipos. Por ejemplo, el seguimiento de los patrones de vibración de los enfriadores o de la estabilidad del voltaje en los sistemas UPS puede alertar de anomalías sutiles antes de que evolucionen hacia problemas más graves.

Un CMMS bien implementado permite la programación del mantenimiento, la gestión de inventarios, la elaboración de informes y la optimización de costes, así como la priorización basada en tasas de fallo.

El resultado es una mayor disponibilidad, una vida útil más prolongada de los equipos y una reducción de los gastos imprevistos.

Optimización de contratos con proveedores

Las relaciones con proveedores representan otra oportunidad para el control de costes. Una estrategia de negociación bien estructurada incluye la realización de estudios de mercado y procesos competitivos de licitación, la evaluación del rendimiento histórico de los proveedores —como el cumplimiento de los acuerdos de nivel de servicio y los tiempos de respuesta— y el análisis del coste total de propiedad, no solo del precio de compra.

Los contratos a largo plazo con acuerdos de nivel de servicio claramente definidos y condiciones de garantía proporcionan estabilidad de precios y responsabilidad. Por ejemplo, invertir en servidores más costosos pero con mayor eficiencia energética y garantías más amplias puede traducirse en un menor coste total de propiedad frente a alternativas más económicas con menor vida útil y mayores necesidades de mantenimiento.

Fomentar relaciones colaborativas con los proveedores también mejora la capacidad de respuesta y permite mayor flexibilidad ante imprevistos. Las revisiones periódicas y la renegociación garantizan que los contratos sigan siendo favorables a medida que evolucionan el mercado y las necesidades operativas.

En conjunto, estos esfuerzos conforman un marco operativo resiliente que mejora el rendimiento, reduce los costes y respalda la misión más amplia de sostenibilidad y garantía de disponibilidad en los centros de datos modernos.

Implementación de tecnologías energéticamente eficientes

La adopción de tecnologías energéticamente eficientes constituye una poderosa palanca para la reducción de costes en las operaciones de centros de datos. Más allá de prácticas fundamentales como la virtualización y la gestión dinámica de la energía, estrategias más avanzadas pueden mejorar significativamente el rendimiento energético y reducir los gastos operativos.

Las técnicas de free cooling, cuando el clima lo permite, pueden reducir de forma drástica la dependencia de los sistemas HVAC tradicionales al utilizar aire exterior o fuentes de agua fría para mantener la temperatura de las salas de servidores. Cuando se combinan con una contención avanzada del flujo de aire —como la separación de pasillos frío/caliente o la refrigeración en fila—, estos métodos mejoran la regulación térmica y disminuyen la carga energética de los sistemas de refrigeración.

Las unidades de distribución de energía (PDU) de alta eficiencia, en particular las PDU inteligentes o "smart", permiten una monitorización y un control detallados del consumo energético a nivel de dispositivo. Esto posibilita una asignación precisa de los recursos eléctricos y ayuda a identificar equipos infrautilizados o con alto consumo. Cuando se integran en un sistema centralizado de gestión de edificios (BMS), las PDU y otros componentes aportan datos en tiempo real a una plataforma unificada, ofreciendo una mayor visibilidad de toda la instalación.

Las herramientas de análisis de datos elevan aún más esta capacidad al procesar grandes volúmenes de información energética para detectar patrones de desperdicio y prever la demanda futura. Esto permite un equilibrio de carga proactivo, un uso más inteligente de la infraestructura y decisiones energéticas mejor fundamentadas. Las mejoras en la iluminación LED, aunque relativamente menores en comparación con las innovaciones en refrigeración o distribución eléctrica, generan ahorros sustanciales a largo plazo gracias a su larga vida útil y bajo consumo.

La consolidación de servidores mediante virtualización, los modos de ahorro energético para equipos inactivos y la optimización del ciclo de vida del hardware también contribuyen a minimizar la huella energética. Muchas instalaciones han informado de ahorros energéticos anuales del 20 % o más gracias a programas coordinados de eficiencia energética.

La adopción de fuentes de energía renovable, como la solar o la eólica, ofrece ventajas de sostenibilidad a largo plazo al tiempo que reduce la dependencia de mercados energéticos volátiles. Cuando se combinan con almacenamiento en baterías y una gestión inteligente de la carga, las energías renovables pueden cubrir una parte significativa de las necesidades operativas. Además, muchas regiones ofrecen incentivos fiscales o subvenciones que mejoran el retorno de la inversión. En conjunto, estas estrategias reducen el consumo energético y los costes de servicios, además de disminuir el impacto ambiental de las operaciones del centro de datos. Su implementación también fortalece la reputación de la marca —especialmente entre clientes con conciencia ambiental— y se alinea con los objetivos corporativos de sostenibilidad.

Equilibrio entre la optimización de costes y la fiabilidad

Si bien la reducción de costes es importante, nunca debe comprometer el rendimiento ni la disponibilidad. Una infraestructura sólida constituye la base de cualquier plan operativo.

Garantizar la redundancia en sistemas clave —como energía, refrigeración y redes— sigue siendo esencial para la continuidad del negocio. Sistemas de alimentación de respaldo, redes con rutas duales y configuraciones de refrigeración N+1 proporcionan salvaguardas críticas. Reducir estos elementos en aras del ahorro puede derivar en fallos mucho más costosos y tiempos de inactividad prolongados.

Los sistemas de monitorización y alertas desempeñan un papel central en la minimización de riesgos al permitir la detección temprana de anomalías. Una infraestructura de alertas bien ajustada ayuda a evitar que problemas menores se conviertan en incidentes graves.

Invertir en equipos de alta calidad suele traducirse en un menor coste total de propiedad (TCO). Aunque los costes iniciales pueden ser más elevados, una mayor fiabilidad, una menor frecuencia de mantenimiento y una vida útil más larga generan ahorros a lo largo del tiempo. Elegir la tecnología adecuada exige un análisis exhaustivo de coste-beneficio que tenga en cuenta no solo el precio inmediato, sino también los costes del ciclo de vida, los niveles de rendimiento y la disponibilidad de soporte.

Las auditorías periódicas y las revisiones de rendimiento son esenciales para mantener las iniciativas de ahorro alineadas con los objetivos operativos. Estas evaluaciones ayudan a identificar áreas en las que las medidas de reducción de costes pueden haber afectado inadvertidamente la fiabilidad y permiten corregir el rumbo a tiempo.

Al realizar el seguimiento de indicadores clave como el tiempo medio entre fallos (MTBF), el tiempo medio de reparación (MTTR) y la disponibilidad del sistema, los gestores de centros de datos obtienen una visión objetiva de cómo las medidas de optimización afectan a la fiabilidad y dónde pueden ser necesarios ajustes. Un enfoque basado en datos permite una mejora continua sin comprometer la estabilidad.

Integración de la sostenibilidad con la eficiencia de costes

La eficiencia de costes y la sostenibilidad ambiental no son excluyentes; de hecho, cada vez se refuerzan más mutuamente. Muchos centros de datos modernos consideran la sostenibilidad como un pilar estratégico de sus esfuerzos de optimización.

La adopción de energías renovables es una de las iniciativas más impactantes. La transición desde combustibles fósiles hacia la energía solar, eólica o hidroeléctrica reduce significativamente las emisiones de gases de efecto invernadero y protege las operaciones frente a la volatilidad de los mercados energéticos. Aunque la inversión inicial en infraestructura puede ser elevada, el ahorro energético a largo plazo y los incentivos gubernamentales disponibles suelen hacer que estos proyectos sean económicamente viables.

Ejemplo práctico:

Un centro de datos en una región con alta radiación solar instaló paneles fotovoltaicos en su cubierta, adaptados a su perfil de carga, logrando una reducción significativa de la dependencia de la red eléctrica. Otro emplazamiento desplegó turbinas eólicas tras estudios de viabilidad que confirmaron velocidades de viento consistentemente altas, reduciendo aún más los costes energéticos y las emisiones.

Los estudios de viabilidad específicos del emplazamiento son esenciales antes de implementar estas tecnologías. Esto incluye evaluar el espacio disponible en suelo o cubierta, la radiación solar o los mapas de viento, los perfiles de carga, las demandas máximas y los posibles desafíos de integración con la infraestructura existente.

Estos proyectos no solo reducen las emisiones, sino que también mejoran la reputación del centro de datos y cumplen con los requisitos de sostenibilidad de las organizaciones clientes.

Eficiencia hídrica y gestión responsable de los recursos

La conservación del agua constituye otro ámbito clave de sostenibilidad, especialmente en instalaciones que dependen en gran medida de sistemas de refrigeración basados en agua.

Las soluciones modernas incluyen:
• Refrigeración adiabática y evaporativa: reduce significativamente el consumo de agua manteniendo la eficiencia de refrigeración.
• Enfriadoras de alta eficiencia: disminuyen la cantidad de agua necesaria

por tonelada de refrigeración.

• Sistemas de detección de fugas: evitan pérdidas de agua y posibles daños.

El seguimiento regular del consumo de agua, apoyado por sistemas de medición automatizados, permite a los centros de datos identificar patrones de desperdicio y mejorar el rendimiento de los sistemas. Algunas instalaciones emplean sistemas de refrigeración de circuito cerrado que recirculan el agua para reducir el consumo total.

La reducción del uso de agua no solo disminuye los costes operativos asociados a los servicios y posibles sanciones, sino que también posiciona al centro de datos como una entidad corporativa responsable, especialmente en regiones afectadas por la escasez hídrica.

En resumen, el centro de datos del futuro será aquel que combine operaciones rentables, una infraestructura resiliente y prácticas sostenibles. Ya sea mediante la monitorización energética, la modernización inteligente de la infraestructura, la adopción de energías renovables o la conservación del agua, estas estrategias actúan de forma sinérgica para reducir costes y mejorar la viabilidad a largo plazo. El camino hacia la excelencia operativa reside en decisiones basadas en datos, la optimización continua del rendimiento y un compromiso firme con la sostenibilidad económica y ambiental.

Capítulo 6: Gestión de proveedores e interacción con inquilinos

Construir y mantener relaciones sólidas con los proveedores es fundamental para el funcionamiento fluido y eficiente de un centro de datos. Estas relaciones constituyen la columna vertebral del mantenimiento proactivo, la resolución rápida de problemas y el éxito general de la instalación. Un ecosistema de proveedores bien gestionado garantiza la entrega oportuna de servicios, minimiza los tiempos de inactividad y, en última instancia, protege la infraestructura crítica del centro de datos. En esta sección se explorarán las estrategias clave para colaborar eficazmente con los proveedores, desde el proceso inicial de selección hasta la gestión continua del desempeño.

Los programas de reducción de residuos también son componentes vitales de un plan integral de sostenibilidad. Los centros de datos generan grandes cantidades de residuos electrónicos (e-waste) debido a las frecuentes actualizaciones y reemplazos de equipos de TI. Contar con un plan sólido de gestión de residuos electrónicos, que incluya alianzas con instalaciones de reciclaje responsables, es esencial para su disposición adecuada y para minimizar el daño ambiental. Esto implica separar los distintos tipos de residuos electrónicos, seguir procedimientos de manipulación segura y asegurar que todos los materiales se reciclen o reutilicen correctamente, evitando así su disposición en vertederos. Además, adoptar una política de compras responsable que priorice equipos con mayor vida útil y mayor capacidad de reparación contribuye a disminuir la cantidad total de residuos electrónicos generados con el tiempo.

Fomentar la reutilización de equipos antiguos pero aún funcionales, cuando sea posible, prolonga la vida útil de los activos y reduce la necesidad de reemplazos frecuentes de hardware. Las auditorías regulares del uso de equipos también pueden identificar oportunidades para consolidar recursos de servidores o adoptar tecnologías de máquinas virtuales, lo que disminuye la demanda de nuevo hardware y ayuda a reducir los residuos.

Más allá del impacto ambiental inmediato, las iniciativas de sostenibilidad en los centros de datos reducen significativamente los costos operativos. Un menor consumo de energía y agua puede traducirse en ahorros sustanciales en servicios públicos a lo largo del tiempo. Además, muchas regiones ofrecen incentivos financieros para fomentar la adopción de prácticas sostenibles, lo que compensa aún más los gastos de capital asociados a estas iniciativas. Estos incentivos —que van desde créditos fiscales y reembolsos hasta subvenciones— pueden reducir de manera significativa la carga económica de implementar tecnologías ambientalmente responsables. La combinación de ahorros a largo plazo y responsabilidad ambiental hace que estas estrategias resulten especialmente atractivas para los operadores modernos de centros de datos. Por otro lado, el atractivo en el mercado más amplio de las prácticas ambientalmente sostenibles puede mejorar la imagen de marca de una empresa y atraer a clientes que priorizan la responsabilidad corporativa y la ética ambiental. Para implementar programas de sostenibilidad efectivos, los centros de datos deben adoptar un enfoque holístico y estratégico que vaya más allá de iniciativas aisladas.

Esto requiere recopilar y analizar datos detallados sobre los patrones de consumo de energía y agua, seguido de una selección cuidadosa de tecnologías y procedimientos operativos que optimicen el uso de recursos. Un enfoque multidisciplinario —que integre ciencias ambientales, ingeniería y operaciones— es clave para alcanzar este objetivo.

Establecer y desplegar un sistema integral de gestión ambiental (SGA) es crítico para definir metas claras de sostenibilidad, medir el desempeño y documentar los resultados de las iniciativas en curso. Un SGA facilita el seguimiento de indicadores clave de desempeño (KPI) e indicadores críticos de desempeño (CPI) relacionados con el uso de energía, el consumo de agua, la generación de residuos y las emisiones de gases de efecto invernadero.

Este marco permite la mejora continua y asegura la rendición de cuentas, ofreciendo una hoja de ruta para el éxito sostenido en materia de sostenibilidad. Además, proporciona una estructura para alinear las prácticas internas con estándares externos de sostenibilidad y requisitos regulatorios, posicionando al centro de datos como líder en responsabilidad ambiental.

Cuantificar el éxito de las iniciativas de sostenibilidad depende del seguimiento sistemático de métricas relevantes. Los CPI, como la Efectividad en el Uso de Energía (PUE), la Efectividad en el Uso de Agua (WUE) y la Huella de Carbono (medida en toneladas de CO_2 equivalente), sirven como herramientas esenciales para evaluar el desempeño. El PUE mide la eficiencia energética global comparando el consumo total de energía de la instalación con el consumo exclusivo de los equipos de TI, mientras que el WUE ofrece información sobre la eficiencia en el uso de recursos hídricos. Los cálculos de huella de carbono, por su parte, ayudan a identificar las emisiones totales generadas por las operaciones de la instalación. La revisión y reporte periódicos de estos CPI y KPI permiten detectar ineficiencias, evaluar el impacto de las estrategias implementadas y refinar continuamente los enfoques para obtener mejores resultados. La transparencia en la información no solo genera confianza entre los interesados, sino que también señala un fuerte compromiso con la gestión ambiental. Compartir datos con pares de la industria promueve aún más las mejores prácticas y puede acelerar la adopción de tecnologías y políticas sostenibles en todo el sector de centros de datos.

Incorporar la sostenibilidad en las operaciones centrales no es solo una elección ética, sino una decisión estratégica de negocio que aporta beneficios tanto ambientales como financieros. Al integrar fuentes de energía renovable, aplicar técnicas avanzadas de conservación de agua e instituir medidas integrales de reducción de residuos, los centros de datos pueden minimizar significativamente su huella ambiental y mejorar la eficiencia de costos a largo plazo. Una estrategia integral —que incluya las tecnologías adecuadas, un análisis preciso de datos y un compromiso continuo con el monitoreo y la mejora— asegura que las iniciativas de sostenibilidad no solo se implementen, sino que se mantengan. Los centros de datos deben permanecer ágiles y proactivos, adaptándose a las tecnologías emergentes y a las nuevas oportunidades de sostenibilidad. Aquellos que lo logren estarán mejor posicionados para cumplir con las crecientes expectativas ambientales, acatar los requisitos regulatorios y capturar cuota de mercado en un mundo cada vez más impulsado por consideraciones ambientales.

En este contexto, la sostenibilidad no es solo un conjunto de acciones: es un marco prospectivo que respalda la excelencia operativa, el control de costos a largo plazo y la innovación responsable en el ámbito de la infraestructura digital.

La gestión del desempeño de proveedores implica un monitoreo y evaluación continuos de los servicios prestados por estos. Los indicadores críticos de desempeño (CPI) son herramientas cruciales para rastrear el rendimiento de los proveedores en relación con objetivos predefinidos. Estas métricas pueden incluir tiempo de respuesta, tiempo de resolución, disponibilidad y cumplimiento de los acuerdos de nivel de servicio (SLA).

Los informes periódicos que resumen el desempeño de los proveedores deben generarse y revisarse para garantizar que el proveedor cumpla de manera consistente con los estándares requeridos. Un monitoreo constante permite intervenir de forma proactiva ante cualquier problema de desempeño antes de que se convierta en una dificultad mayor. Las reuniones programadas con regularidad con los representantes de los proveedores

Las reuniones programadas con regularidad con los representantes de los proveedores permiten la resolución proactiva de problemas y la identificación temprana de posibles incidencias. Un sistema para registrar, rastrear y documentar todas las interacciones con el proveedor, así como sus resoluciones, resulta invaluable para futuras referencias.

Sostenibilidad y Gestión de Proveedores – Resumen

Tema	Descripción
Relaciones con Proveedores	Relaciones sólidas con proveedores respaldan el mantenimiento proactivo, entregas de servicio oportunas y tiempo de inactividad mínimo. La selección y la gestión del desempeño son clave.
Gestión del Desempeño de Proveedores	Utilizar KPIs/CPIs (por ejemplo, tiempo de respuesta, cumplimiento de SLA, tiempo de resolución) para monitorear el desempeño. Mantener registros, realizar revisiones y reuniones periódicas.
Gestión de Residuos Electrónicos (E-Waste)	Implementar programas de reciclaje responsables, separar y manejar los residuos electrónicos de forma segura y colaborar con recicladores certificados.
Reutilización de Equipos y Compras	Priorizar hardware reparable y de larga duración. Reutilizar dispositivos antiguos pero funcionales y consolidar recursos de TI cuando sea posible.
Sostenibilidad y Ahorro de Costos	Reducir el consumo energético y el desperdicio disminuye los costos operativos. Incentivos financieros (créditos fiscales, subvenciones) pueden compensar inversiones en sostenibilidad.
Beneficios de Responsabilidad Corporativa	La sostenibilidad mejora la imagen de marca, atrae clientes conscientes del medio ambiente y respalda el cumplimiento regulatorio.
Enfoque Estratégico de Sostenibilidad	Utilizar datos detallados de recursos para tomar decisiones. Alinear ciencia ambiental,

	ingeniería y operaciones para maximizar el impacto.
Sistema de Gestión Ambiental (EMS)	Un EMS formal rastrea KPIs, alinea prácticas con regulaciones y apoya la mejora continua y los objetivos de sostenibilidad.
KPIs/CPIs de Sostenibilidad	Rastrear PUE (eficiencia energética), WUE (eficiencia del agua) y huella de carbono (emisiones de CO_2) para medir y optimizar el desempeño.
Transparencia y Reportes de Datos	Reportar regularmente métricas de sostenibilidad para generar confianza, apoyar la toma de decisiones y fomentar una adopción más amplia.
Operaciones y Tecnología Integradas	Integrar energías renovables, conservación de agua y reducción de residuos en las operaciones principales. Adoptar tecnologías emergentes.
Sostenibilidad como Estrategia	La sostenibilidad impulsa la innovación, la excelencia operativa, el cumplimiento normativo y la ventaja competitiva a largo plazo.

Abordar los problemas de desempeño requiere un enfoque estructurado y colaborativo. Cuando un proveedor no cumple con sus obligaciones, debe seguirse un proceso de escalamiento claro y documentado. Este suele comenzar con conversaciones informales y escalar hacia comunicaciones formales por escrito si el problema persiste sin resolverse. Al proveedor se le deben plantear expectativas claras y brindarle oportunidades para corregir las deficiencias. Pueden elaborarse Planes de Mejora de Desempeño (PIP, por sus siglas en inglés) que especifiquen las acciones que el proveedor debe llevar a cabo para solucionar los inconvenientes. Las reuniones de seguimiento regulares ayudan a monitorear el avance y asegurar el cumplimiento del PIP. La persistencia en el incumplimiento de los estándares acordados puede conducir a la terminación del contrato o al cambio hacia proveedores alternativos. Todo el proceso debe documentarse de manera exhaustiva y adecuada.

Construir relaciones sólidas con los proveedores va más allá de las interacciones meramente transaccionales. El cultivo proactivo de la relación genera confianza y respeto mutuos. Esto implica un compromiso activo con los representantes del proveedor, la participación en eventos de la industria y el intercambio de mejores prácticas para fomentar la colaboración y la innovación. La resolución colaborativa de problemas crea un sentido compartido de propósito, lo que da lugar a soluciones más innovadoras y eficientes. Una relación fuerte con el proveedor trasciende las meras obligaciones contractuales: se trata de una verdadera asociación y de un compromiso con el éxito compartido. Tales colaboraciones pueden incluir sesiones de capacitación conjunta para profundizar el conocimiento del equipo del centro de datos sobre los equipos o sistemas gestionados por el proveedor, mejorando así la capacidad de respuesta global ante incidencias. La comunicación regular, incluso fuera de situaciones de problema inmediato, fortalece el vínculo y refuerza el carácter colaborativo de la relación. Tratar a los proveedores como socios y no solo como contratistas fomenta la lealtad y los motiva a invertir en el éxito del centro de datos.

En conclusión, una gestión efectiva de proveedores resulta crítica para el éxito de cualquier operación de centro de datos. Un proceso de selección bien definido, contratos cuidadosamente negociados, un monitoreo constante del desempeño y una comunicación abierta constituyen elementos esenciales de las relaciones exitosas con proveedores. Al adoptar estas prácticas, los ingenieros de centros de datos pueden forjar asociaciones sólidas y colaborativas que garanticen el funcionamiento confiable y eficiente de su infraestructura crítica.

La relación positiva que se deriva con los proveedores contribuirá de manera significativa a reducir los tiempos de inactividad, incrementar la eficiencia y, en última instancia, crear un entorno de centro de datos más robusto y resiliente. La gestión proactiva de los proveedores representa una inversión en la estabilidad y el éxito a largo plazo del centro de datos. Es una habilidad crucial para los ingenieros de instalaciones críticas y un componente clave para asegurar la operación continua del centro de datos. Este enfoque estratégico reduce riesgos, minimiza interrupciones y contribuye a una operación más eficiente y confiable. La gestión proactiva de las relaciones con proveedores es una inversión que genera retornos significativos en términos de mejor desempeño, menores costos y una operación de centro de datos más robusta y confiable.

Comprender las complejidades de los Acuerdos de Nivel de Servicio (SLA, por sus siglas en inglés) resulta fundamental para el éxito de las operaciones de un centro de datos. Los SLA constituyen la piedra angular de la relación entre el operador del centro de datos y sus inquilinos, definiendo con claridad las expectativas, responsabilidades y consecuencias para ambas partes.

Un SLA bien definido ofrece un marco para la entrega consistente de servicios, mitiga posibles disputas y asegura una relación laboral armónica. Esta comprensión va más allá de un simple documento: representa un compromiso con el éxito mutuo y la responsabilidad compartida.

La creación de un SLA sólido comienza con una comprensión profunda de los requerimientos específicos del inquilino. Esto implica conversaciones detalladas para determinar sus necesidades críticas de negocio y el nivel de servicio que requieren. Factores como el tiempo de actividad exigido, los tiempos de respuesta ante fallos y los objetivos de tiempo de recuperación (RTO) son primordiales en este proceso. Por ejemplo, una institución financiera con operaciones de alta frecuencia en trading tendrá requerimientos de SLA radicalmente distintos a los de una empresa más pequeña que utiliza el centro de datos para alojamiento web básico. La criticidad de las operaciones del inquilino influye directamente en los detalles del SLA.

Una vez definidos con claridad los requerimientos del inquilino, el operador del centro de datos puede comenzar a redactar el documento del SLA. Este debe ser claro, conciso y sin ambigüedades, evitando jerga técnica que pueda prestarse a interpretaciones erróneas. Debe enunciar de forma explícita las métricas de desempeño acordadas, incluyendo garantías de tiempo de actividad (a menudo expresadas como porcentaje de disponibilidad anual), tiempos de respuesta ante incidentes y tiempos de resolución de fallos. Por ejemplo, un SLA podría especificar una garantía de 99,99 % de tiempo de actividad, con un tiempo máximo de respuesta de 15 minutos para incidentes críticos y un tiempo máximo de resolución de cuatro horas para los mismos. Estas métricas deben ser medibles y verificables, permitiendo una evaluación objetiva del desempeño.

Los Indicadores Clave de Desempeño (KPI) y los Indicadores Críticos de Desempeño (CPI) son la savia de todo SLA efectivo. Estas métricas sirven como vara de medir contra la cual se evalúa el rendimiento. Entre los KPI/CPI más comunes se encuentran el tiempo medio de reparación (MTTR), el tiempo medio entre fallos (MTBF) y la disponibilidad. El SLA debe definir con claridad qué KPI/CPI se están monitoreando y los valores objetivo para cada uno. Es vital establecer un sistema de monitoreo robusto que capture estos datos con precisión y fiabilidad.

Este sistema debe proporcionar información en tiempo real sobre el desempeño del centro de datos, permitiendo la identificación y mitigación proactiva de posibles problemas antes de que afecten los servicios del inquilino. El reporte periódico de estos KPI/CPI resulta crucial para garantizar transparencia y rendición de cuentas. Estos reportes deben estar claramente estructurados y ser fáciles de comprender, presentando la información de manera concisa y fácilmente interpretable.

Los procedimientos de reporte forman parte crítica del SLA. Estos deben detallar cómo se recopilarán, analizarán y presentarán los datos de desempeño al inquilino. Los reportes regulares, generalmente mensuales o trimestrales, deben generarse para seguir el rendimiento frente a los KPI/CPI acordados. Estos reportes deben ser fácilmente accesibles para el inquilino, promoviendo transparencia y generando confianza. Además, el proceso de reporte debe describir los métodos para manejar excepciones o incidentes que puedan afectar el desempeño. Esto puede incluir reportes detallados de incidentes que documenten la causa de una interrupción, las acciones tomadas para resolverla y el impacto en las operaciones del inquilino. Un proceso de reporte bien definido asegura que tanto el operador del centro de datos como el inquilino permanezcan informados sobre la salud general de la infraestructura y los servicios prestados.

Un aspecto crítico en la gestión de los SLA es el establecimiento de un proceso claro para abordar los incumplimientos del SLA. Cuando el desempeño cae por debajo de los niveles acordados, el SLA debe detallar un procedimiento específico para manejar la situación. Esto puede incluir procedimientos de escalamiento, notificaciones a personal designado y remedios acordados para la interrupción. Tales remedios podrían consistir en créditos financieros, garantías de restauración del servicio u otras formas de compensación, todos ellos predefinidos en el SLA.

El proceso debe ser transparente y justo, con el objetivo de resolver el problema de manera pronta y efectiva mientras se mantiene una relación positiva con el inquilino. La documentación resulta esencial a lo largo de todo el proceso, proporcionando un registro claro del incumplimiento, los pasos tomados para resolverlo y los remedios acordados.

Mantener una relación positiva con el inquilino es primordial, incluso en caso de incumplimiento del SLA. La comunicación abierta y honesta resulta crucial en estas situaciones. Una comunicación proactiva por parte del operador del centro de datos, manteniendo al inquilino informado sobre la situación y los pasos que se están tomando para resolverla, puede mitigar significativamente cualquier impacto negativo en la relación. La transparencia —al compartir abiertamente la información y reconocer cualquier deficiencia— genera confianza y fomenta un espíritu colaborativo. Las reuniones de revisión regulares, tanto programadas como extraordinarias, facilitan el diálogo abierto y la resolución de problemas, asegurando que el SLA permanezca como un documento vivo, adaptable a las necesidades cambiantes y a los avances tecnológicos.

Considérese un escenario en el que un inquilino experimenta un aumento inesperado de tráfico, lo que provoca breves períodos de degradación del desempeño. Un SLA bien definido establecerá un proceso claro para manejar esta situación, permitiendo quizá excepciones temporales o ajustes en las métricas de desempeño durante eventos imprevistos de esta naturaleza. Por el contrario, un SLA mal definido podría dar lugar a disputas y tensiones en la relación, obstaculizando la eficiencia general del centro de datos.

Otro ejemplo sería una interrupción prolongada causada por una falla crítica en el equipo. El SLA debe detallar con claridad el tiempo de respuesta del centro de datos, los objetivos de tiempo de recuperación y la posible compensación por cualquier interrupción. Un proceso claro y bien documentado asegura que ambas partes comprendan sus responsabilidades y obligaciones, minimizando conflictos potenciales y manteniendo una relación de trabajo constructiva.

Gestión de SLA y Comunicación con Clientes (Tenants) – Resumen

Tema	Descripción
Acuerdos de Nivel de Servicio (SLA)	Los SLA definen tiempos de respuesta, objetivos de recuperación y términos de compensación. SLA bien documentados aclaran responsabilidades y minimizan conflictos.
SLA como Herramienta Estratégica	Más que contratos: generan confianza, aseguran la entrega confiable del servicio y apoyan relaciones a largo plazo mediante gestión proactiva.
Revisión y Adaptación de SLA	Actualizar regularmente los SLA según cambios operativos y necesidades de los clientes para mantenerlos relevantes y efectivos.
Comunicación Proactiva con Clientes	Actualizaciones regulares y diálogo abierto ayudan a prevenir problemas. Fomentar confianza mediante comunicación transparente y proactiva.

Reuniones Programadas con Clientes	Realizar reuniones mensuales o trimestrales para discutir mantenimiento, desempeño e infraestructura. Fomentar retroalimentación y planificación colaborativa.
Contactos Dedicados por Cliente	Asignar un punto de contacto por cliente para agilizar la resolución y comunicación. Asegurar que tengan autoridad para actuar rápidamente.
Notificaciones de Mantenimiento Planificado	Informar a los clientes con anticipación (correo, SMS, portales). Incluir alcance, duración, impacto y planes de contingencia para reducir interrupciones.
Sistemas de Soporte Urgente	Implementar mesas de ayuda 24/7, soporte escalonado y rutas de escalamiento. Registrar incidencias con sistemas de tickets para transparencia.
Comunicación Multicanal	Usar correo para actualizaciones, llamadas para urgencias y videoconferencias para temas complejos. Adaptar el mensaje a las necesidades del cliente.
Mensajes Claros y Comprensibles	Evitar jerga técnica cuando sea posible. Usar lenguaje claro para que todos los interesados comprendan la información.
Resolución Estructurada de Incidentes	Escuchar activamente, investigar con datos y proporcionar un plan de resolución con tiempos claros. Comunicar avances regularmente.
Seguimiento Post-Incidente	Confirmar resolución, recopilar retroalimentación y usar aprendizajes para

	mejorar procesos futuros. La transparencia genera confianza.
Construcción de Relaciones	Fomentar relaciones mediante comunicación informal, políticas abiertas y actividades colaborativas.
Procedimientos de Escalamiento Eficientes	Definir rutas de escalamiento claras, asignar roles y asegurar resolución oportuna de incidentes críticos.
Ejemplo de Comunicación de Incidente	Durante una falla de red, notificar inmediatamente a los clientes, proporcionar actualizaciones, explicar acciones tomadas y realizar revisión posterior.
Solicitudes de Cambio de Infraestructura	Colaborar en estudios de viabilidad, comunicar tiempos e impactos, y asegurar implementación fluida mediante comunicación clara.

En conclusión, los SLA son mucho más que simples obligaciones contractuales; constituyen el fundamento de una asociación exitosa entre los operadores de centros de datos y sus inquilinos. Al diseñar y gestionar cuidadosamente los SLA —incluyendo un reporte robusto de los CPI y procedimientos claros para resolver incumplimientos—, los operadores de centros de datos pueden generar confianza, garantizar una entrega consistente de servicios y fomentar relaciones a largo plazo mutuamente beneficiosas. La gestión proactiva de los SLA resulta esencial para una operación eficiente del centro de datos y contribuye directamente al éxito y la estabilidad general de la instalación. Revisar y adaptar periódicamente los SLA en función de la experiencia operativa y de las necesidades cambiantes de los inquilinos ayudará a mantener su relevancia y efectividad para proteger las relaciones y asegurar un servicio de calidad. Prestar especial atención a estos factores crea un marco flexible y receptivo que fomenta la colaboración, promueve la transparencia y garantiza la entrega de servicios de alta calidad que requieren las operaciones empresariales modernas. Esto va mucho más allá de evitar litigios; se trata de cultivar una asociación basada en la confianza mutua y en un objetivo compartido de éxito.

La comunicación y la colaboración efectivas con los inquilinos son fundamentales para el éxito de cualquier operación de centro de datos. Esto va más allá de simplemente responder a solicitudes; implica construir proactivamente relaciones, fomentar la confianza y asegurar una asociación mutuamente beneficiosa.

La comunicación proactiva previene malentendidos y permite identificar y resolver tempranamente posibles problemas antes de que escalen a dificultades mayores.

Una estrategia efectiva consiste en establecer canales de comunicación regulares. Esto puede incluir reuniones programadas, tal vez mensuales o trimestrales, para discutir el desempeño, los mantenimientos próximos y cualquier cambio planificado en la infraestructura del centro de datos. Estas reuniones ofrecen una plataforma para el diálogo abierto, permitiendo a los inquilinos expresar inquietudes, formular preguntas y brindar retroalimentación. Además, designar un punto de contacto dedicado para cada inquilino asegura una comunicación eficiente y fluida. Esta persona actúa como único responsable, encargada de atender las consultas de los inquilinos y de coordinar las respuestas de los distintos departamentos del centro de datos. Dichos contactos designados deben contar con la autoridad necesaria para tomar decisiones y resolver problemas de manera independiente, eliminando demoras causadas por múltiples niveles de aprobación.

La comunicación proactiva también implica informar a los inquilinos con suficiente antelación sobre las actividades de mantenimiento planificadas. Esto les permite prepararse adecuadamente y minimizar posibles interrupciones en sus operaciones. Es esencial comunicar con claridad el alcance del mantenimiento, su duración y cualquier impacto potencial en sus servicios. Proporcionar notificaciones detalladas —que pueden incluir alertas por correo electrónico, mensajes SMS o portales dedicados para inquilinos— asegura que todos estén bien informados y preparados. También resulta beneficioso ofrecer soluciones alternativas cuando sea posible, por ejemplo, proporcionando acceso a sistemas redundantes o recursos que garanticen la continuidad del negocio durante las interrupciones planificadas.

Más allá de las comunicaciones programadas, es crítico establecer un sistema receptivo para atender cuestiones e inquietudes urgentes. Esto suele implicar un sistema de soporte multinivel que maneje las solicitudes e incidencias según su urgencia y complejidad. Un servicio de ayuda disponible las 24 horas, con personal inmediatamente accesible para responder a problemas urgentes, garantiza un soporte ininterrumpido. Este servicio debe tener la capacidad de escalar rápidamente las cuestiones críticas a los equipos de ingeniería correspondientes. Un sistema de tickets que registre y gestione solicitudes e incidentes, proporcionando actualizaciones y reportes de estado, asegura transparencia y promueve la rendición de cuentas. Este sistema ofrece un valioso rastro de auditoría, documentando el historial de todas las interacciones y facilitando una resolución eficiente de problemas.

La comunicación efectiva implica utilizar múltiples canales adaptados a las necesidades y preferencias específicas de cada inquilino. Esto puede incluir correo electrónico para actualizaciones rutinarias, llamadas telefónicas para asuntos urgentes y videoconferencias para discusiones complejas. La elección del canal adecuado depende de la urgencia de la comunicación y de su contenido. El objetivo es proporcionar información oportuna y relevante a través de un medio eficiente y efectivo. Además, la comunicación debe adaptarse al nivel de comprensión técnica del inquilino. Aunque en ocasiones sea necesario emplear terminología técnica, resulta importante asegurar que toda la comunicación sea clara, concisa y fácilmente comprensible para todas las partes. Evitar la jerga técnica siempre que sea posible y ofrecer resúmenes en lenguaje sencillo ayuda a garantizar que los mensajes sean universalmente entendidos y previene malentendidos.

Al abordar las incidencias de los inquilinos, un enfoque estructurado resulta crítico. Esto comienza escuchando activamente las preocupaciones del inquilino, reconociendo su perspectiva y expresando empatía. Es fundamental comprender el impacto completo del problema en sus operaciones. A continuación, debe realizarse una investigación detallada del inconveniente, que incluya la recolección de datos e información relevantes. Esta investigación puede implicar el examen de registros del sistema, datos de desempeño de la red o incluso inspecciones en sitio. Con base en los hallazgos, se debe desarrollar y comunicar al inquilino un plan integral de resolución. Este plan debe detallar los pasos que se tomarán para solucionar el problema, un cronograma para su ejecución y el impacto previsto en las operaciones del inquilino.

Mantener la transparencia a lo largo de todo el proceso resulta crucial. Deben proporcionarse actualizaciones regulares al inquilino, informándole sobre el avance y cualquier modificación en el plan de resolución. La comunicación abierta acerca de posibles demoras o desafíos imprevistos ayuda a sostener un entorno colaborativo y evita malentendidos. Una vez resuelta la incidencia, debe enviarse un mensaje de seguimiento para confirmar la solución y asegurar la satisfacción del inquilino. Recopilar retroalimentación del inquilino sobre el proceso de resolución resulta esencial para la mejora continua y para optimizar respuestas futuras.

Construir rapport con los inquilinos resulta esencial para una interacción efectiva. Esto incluye demostrar profesionalismo, competencia y un interés genuino en el éxito del inquilino. La interacción constante, más allá de solo resolver problemas, ayuda a forjar relaciones positivas. Las revisiones informales regulares, conversaciones casuales y una política de puertas abiertas contribuyen a crear un ambiente más cooperativo. Organizar eventos informales, como oportunidades de networking o reuniones sociales, puede fortalecer aún más estos lazos y generar un entorno más positivo y colaborativo.

Atender las inquietudes de los inquilinos de manera pronta y efectiva resulta crítico. Las demoras pueden generar frustración, mientras que las resoluciones rápidas demuestran profesionalismo y compromiso con el servicio. Contar con una ruta de escalamiento bien definida ayuda a asegurar que los problemas se aborden con prontitud, escalando a niveles superiores de gestión cuando sea necesario. Disponer de un protocolo claro para manejar incidentes escalados —con roles y responsabilidades claramente definidos— agiliza el proceso y garantiza una resolución eficiente. Esto también contribuye a fomentar una relación laboral positiva con el inquilino, al saber que sus preocupaciones se toman en serio y se manejan con eficiencia.

Considérese un escenario en el que un inquilino experimenta una interrupción inesperada de la red. La comunicación efectiva implica notificar inmediatamente al inquilino, proporcionar una evaluación inicial del problema y detallar los pasos que se están tomando para resolverlo. Deben ofrecerse actualizaciones regulares, incluyendo un tiempo estimado de restauración. Tras la restauración, debe realizarse una revisión exhaustiva post-incidente para determinar la causa raíz e implementar medidas preventivas. La transparencia a lo largo de todo el proceso —reconociendo cualquier deficiencia y explicando los pasos tomados para evitar recurrencias— fomenta la confianza y fortalece la relación con el inquilino.

Otro ejemplo involucra a un inquilino que solicita un cambio en su infraestructura existente. La comunicación efectiva implica una discusión colaborativa para determinar la viabilidad de la solicitud, explorar alternativas y desarrollar un plan detallado de implementación. Este plan detallaría los pasos involucrados, los plazos requeridos y cualquier impacto potencial en otros inquilinos o en la infraestructura general del centro de datos. La comunicación abierta y la transparencia durante todo el proceso aseguran una comprensión mutua y minimizan posibles interrupciones. Una planificación cuidadosa, con una clara comprensión de las necesidades del inquilino y de las capacidades del centro de datos, resulta esencial.

En conclusión, la comunicación y la colaboración efectivas con los inquilinos son fundamentales para el éxito de cualquier operación de centro de datos. No se trata solo de reaccionar ante problemas, sino de construir proactivamente relaciones, fomentar la confianza y asegurar que el centro de datos cumpla y supere consistentemente las expectativas de los inquilinos. Al implementar las estrategias descritas, los operadores de centros de datos pueden cultivar un entorno colaborativo, resolver incidencias de manera eficiente y, en última instancia, fortalecer sus relaciones con los inquilinos, dando lugar a una asociación mutuamente beneficiosa y duradera. Este enfoque proactivo contribuye a la estabilidad y al éxito del centro de datos en su conjunto, demostrando que una relación bien gestionada con los inquilinos resulta tan crucial para la operación como cualquier sistema técnico.

La gestión del cambio en un entorno de centro de datos no es meramente un conjunto de procedimientos; constituye una filosofía operativa crítica que incide directamente en el tiempo de actividad, la eficiencia y el éxito general de la instalación. Una gestión efectiva del cambio minimiza las interrupciones, previene fallos costosos en los sistemas y fomenta la confianza tanto con los inquilinos como con los proveedores. La ausencia de procesos robustos de gestión del cambio puede dar lugar a fallos en cascada, tiempos de inactividad prolongados y pérdidas financieras considerables. Esta sección profundizará en la importancia de una gestión del cambio meticulosamente planificada y ejecutada, abarcando todas las etapas, desde la solicitud inicial hasta la revisión posterior a la implementación.

El elemento fundacional de todo proceso exitoso de gestión del cambio es un procedimiento claramente definido y bien documentado. Este procedimiento debe detallar los pasos para iniciar, revisar, aprobar, implementar y cerrar un cambio. Debe estar accesible para todo el personal relevante, incluidos ingenieros, técnicos, proveedores e inquilinos. Además, ha de revisarse y actualizarse periódicamente para reflejar los avances tecnológicos, los cambios en los procedimientos operativos y las mejores prácticas de la industria. Esto garantiza que el procedimiento siga siendo pertinente y efectivo ante las necesidades en evolución del centro de datos. La documentación debe incluir formularios detallados, plantillas y listas de verificación que agilicen el proceso y reduzcan al mínimo el riesgo de errores.

El proceso de solicitud de cambio representa el paso inicial y vital. Debe utilizarse un formulario estandarizado de solicitud de cambio para todas las modificaciones, independientemente de su magnitud o complejidad. Este formulario debe contener una descripción exhaustiva del cambio propuesto, su propósito, el impacto potencial en otros sistemas, los recursos necesarios y un plan detallado de implementación. El nivel de detalle requerido variará según la complejidad y el riesgo asociados al cambio. Por ejemplo, una simple actualización de software podría necesitar menos documentación exhaustiva que una actualización importante de hardware o una reconfiguración extensa de la red. En todos los casos, debe incluirse una justificación clara del cambio, explicando la necesidad empresarial o el requisito técnico que lo motiva.

Una vez presentada la solicitud de cambio, esta se somete a un proceso de revisión minucioso. Este proceso suele involucrar varios niveles de aprobación, dependiendo del alcance y el impacto potencial del cambio. Las modificaciones menores podrían requerir únicamente la aprobación de un ingeniero o un jefe de equipo. Sin embargo, los cambios significativos que demanden recursos extensos o afecten sistemas críticos necesitarán la aprobación de la alta dirección y, posiblemente, de partes interesadas externas, como representantes de los inquilinos. Este proceso de aprobación multinivel asegura que los riesgos asociados al cambio se evalúen y controlen cuidadosamente antes de proceder. Cada nivel de aprobación debe documentarse, junto con cualquier condición o requisito establecido como parte de la misma.

La fase de implementación resulta crucial. Antes de realizar cualquier cambio, debe llevarse a cabo una evaluación detallada de riesgos para identificar posibles problemas y desarrollar estrategias para abordarlos. Esta evaluación debe considerar los efectos potenciales sobre todos los sistemas y servicios del centro de datos, incluidas las operaciones de los inquilinos. Se debe elaborar y ejecutar un plan de pruebas exhaustivo antes del despliegue para garantizar que el cambio funcione según lo previsto y no afecte negativamente a otros sistemas. Este plan debe incluir pruebas unitarias (de componentes individuales) y pruebas de integración (de cómo interactúan los componentes entre sí). Las pruebas deben documentarse minuciosamente, incluyendo resultados y cualquier problema detectado.

La comunicación efectiva resulta esencial durante la fase de implementación. Los inquilinos deben ser informados con antelación de cualquier cambio que pueda impactar sus operaciones, incluyendo el tiempo estimado de inactividad o interrupciones del servicio. Este aviso previo permite a los inquilinos preparar planes de contingencia y reduce las disrupciones en sus actividades empresariales. A lo largo del proceso de implementación deben proporcionarse actualizaciones regulares para mantener informados a los inquilinos sobre el avance y atender cualquier inquietud. Una comunicación clara y concisa resulta vital para preservar la confianza y la seguridad. Esto puede incluir actualizaciones por correo electrónico, llamadas telefónicas o portales dedicados para inquilinos, según la complejidad y el impacto del cambio.

La revisión posterior a la implementación es un paso a menudo subestimado, pero esencial en el proceso de gestión del cambio. Una vez implementado y verificado el cambio, debe realizarse una revisión exhaustiva para evaluar su efectividad y extraer lecciones de la experiencia. Esta revisión debe incluir un análisis del proceso de implementación —como el tiempo empleado, los recursos utilizados y cualquier imprevisto encontrado—. Asimismo, debe evaluar el impacto del cambio en el desempeño general del centro de datos y en la satisfacción de los inquilinos. Debe recopilarse retroalimentación de todas las partes involucradas, incluidos ingenieros, técnicos, proveedores e inquilinos. Esta retroalimentación resulta vital para mejorar continuamente el proceso de gestión del cambio y evitar problemas similares en el futuro. La revisión posterior a la implementación sirve como base para el refinamiento permanente del proceso, haciéndolo más eficiente, confiable y menos propenso a errores.

La coordinación con los proveedores constituye un aspecto significativo de una gestión del cambio exitosa. Los proveedores suelen desempeñar un papel clave en la implementación de cambios, ya sea instalando nuevo hardware, actualizando software o realizando mantenimientos. Una coordinación efectiva implica establecer canales de comunicación claros y responsabilidades bien definidas. Esto incluye otorgar a los proveedores tiempo suficiente de antelación para planificar y ejecutar sus tareas, asegurarles acceso a la información y recursos necesarios, y establecer rutas claras de escalamiento para resolver cualquier incidencia que surja. Las reuniones regulares y los informes de avance ayudan a garantizar que el trabajo del proveedor esté alineado con el plan general de gestión del cambio. Un Acuerdo de Nivel de Servicio (SLA) documentado con el proveedor debe definir con claridad sus responsabilidades, plazos y expectativas de desempeño, proporcionando un marco para la rendición de cuentas y la resolución de disputas.

Considérese un escenario en el que se planifica una actualización importante de la red. El proceso de gestión del cambio comenzaría con una solicitud detallada que describa la actualización específica, su justificación y su impacto potencial en los inquilinos. La solicitud sería revisada y aprobada por el personal correspondiente. A continuación, se elaboraría un plan detallado de implementación que detalle los pasos específicos, los recursos requeridos y un cronograma preciso. Este plan incluiría estrategias de comunicación para informar a los inquilinos sobre la interrupción planificada y proporcionar actualizaciones regulares. Tras la implementación, una fase exhaustiva de pruebas validaría el funcionamiento de la nueva red. Finalmente, una revisión posterior a la implementación analizaría todo el proceso, identificando áreas de mejora para futuras actualizaciones.

Otro ejemplo podría ser un cambio solicitado por un inquilino. Supongamos que un inquilino necesita aumentar su capacidad de energía. La solicitud de cambio detallaría los requerimientos adicionales de potencia, y se evaluaría su viabilidad. Esto podría implicar estudios de balanceo de carga para asegurar que el centro de datos pueda acomodar la carga adicional sin comprometer la redundancia ni la estabilidad. El cambio se planificaría cuidadosamente, posiblemente requiriendo trabajos fuera del horario operativo normal para minimizar el impacto. El inquilino sería mantenido plenamente informado a lo largo de todo el proceso, desde la aprobación inicial de la solicitud hasta la finalización, poniendo énfasis en la transparencia y la colaboración. Tras la conclusión exitosa, una revisión posterior a la implementación analizaría la eficiencia del proceso y su impacto en las operaciones generales del centro de datos.

En conclusión, un proceso robusto de gestión del cambio no es solo un conjunto de formularios y procedimientos; es un pilar fundamental de la operación confiable de un centro de datos. Al planificar, implementar y revisar meticulosamente los cambios, los ingenieros de centros de datos pueden minimizar interrupciones, prevenir fallos y fomentar relaciones positivas con inquilinos y proveedores. Este enfoque proactivo, combinado con una comunicación transparente, asegura el éxito y la estabilidad continuos del centro de datos, demostrando que un proceso de gestión del cambio bien administrado resulta tan esencial como los propios sistemas técnicos.

Gestionar las expectativas de los inquilinos resulta crucial para mantener un entorno de centro de datos exitoso y armónico. No se trata únicamente de cumplir con las obligaciones contractuales; implica construir una relación colaborativa basada en la confianza y la transparencia. La comunicación proactiva, acuerdos de nivel de servicio (SLA) realistas y una respuesta ágil a las inquietudes de los inquilinos constituyen elementos esenciales de una gestión efectiva de las expectativas de los inquilinos. Una de las mejores estrategias consiste en establecer expectativas claras desde el principio. Antes de que un inquilino se traslade al centro de datos, debe implementarse un proceso exhaustivo de incorporación. Este proceso debe detallar con claridad los servicios ofrecidos, los SLA vigentes y los procedimientos para reportar y resolver incidencias. Esta claridad inicial reduce malentendidos y posibles conflictos posteriores. La incorporación debe incluir un recorrido detallado por las instalaciones, destacando los componentes clave de la infraestructura y los procedimientos de emergencia.

Los inquilinos deben ser presentados al personal clave del equipo del centro de datos, estableciendo canales de comunicación claros. Un manual para inquilinos bien documentado, fácilmente accesible tanto en línea como en formato físico, resulta invaluable para reforzar esta información inicial y proporcionar un punto de referencia consistente. Este manual debe incluir detalles sobre el uso de energía, la capacidad de enfriamiento, la conectividad de red, los protocolos de seguridad y los calendarios de mantenimiento. Las actualizaciones periódicas de este manual reflejan los cambios en las capacidades y procedimientos operativos del centro de datos.

Una parte clave para establecer expectativas consiste en definir SLA realistas. Sobreprometer puede generar insatisfacción y tensionar las relaciones. Los SLA deben basarse en una evaluación exhaustiva de las capacidades reales del centro de datos e incluir métricas específicas para el tiempo de actividad, los tiempos de respuesta y los tiempos de resolución. Estas métricas necesitan estar claramente definidas y ser fácilmente comprensibles tanto para el personal del centro de datos como para los inquilinos. Es fundamental que los SLA sean realistas y reflejen la capacidad efectiva y las fortalezas operativas de la instalación. Unos SLA inflados pueden parecer atractivos para ganar contratos, pero suelen conducir a conflictos más adelante. Es preferible ofrecer un servicio confiable dentro de las capacidades reales que prometer lo que no se puede cumplir. Un SLA realista construye confianza, y los inquilinos valorarán la transparencia y la precisión por encima de expectativas incumplidas.

La comunicación regular con los inquilinos resulta crucial para mantener relaciones positivas. No se trata simplemente de responder a incidencias o solicitudes; implica involucrarse proactivamente con los inquilinos y mantenerlos informados acerca del desempeño del centro de datos y de cualquier mantenimiento o actualización planificados. Boletines periódicos, actualizaciones a través del sistema de gestión de la instalación y canales de comunicación abiertos permiten al equipo de la instalación compartir información relevante de manera proactiva. Esta comunicación anticipada mantiene a los inquilinos al tanto y reduce la posibilidad de sorpresas, que pueden generar tensión y desconfianza. Esta interacción regular puede incluir reuniones programadas, tal vez trimestrales o semestrales, para discutir inquietudes, actualizaciones planificadas o cambios próximos que puedan afectar las operaciones de los inquilinos.

Por ejemplo, una actualización planificada del sistema eléctrico podría requerir un tiempo de inactividad programado. Una comunicación proactiva, ofrecida con varias semanas de antelación y que detalle el alcance de los trabajos, el tiempo estimado de interrupción y los planes de contingencia, permite a los inquilinos prepararse adecuadamente y minimizar las disrupciones en sus operaciones empresariales. Este enfoque proactivo en la comunicación resulta mucho más efectivo que uno reactivo, que solo aborda el problema una vez ocurrido, dejando potencialmente a los inquilinos frustrados y sin apoyo. La comunicación efectiva implica utilizar múltiples canales —correo electrónico, llamadas telefónicas y, posiblemente, portales para inquilinos— para garantizar que la información se transmita y reciba de manera consistente.

La transparencia constituye otro aspecto clave en la gestión de las expectativas de los inquilinos. Compartir abiertamente información sobre el desempeño del centro de datos —incluyendo métricas como la efectividad en el uso de energía (PUE), el tiempo de actividad y los tiempos de respuesta ante incidentes— genera confianza y fomenta un sentido de colaboración. Los reportes regulares, que incluyan informes de desempeño e informes de incidentes, deben proporcionarse a los inquilinos, permitiéndoles monitorear el rendimiento del centro de datos e identificar posibles problemas con antelación. Esta transparencia demuestra que el equipo del centro de datos está comprometido con la rendición de cuentas y trabaja hacia una asociación mutuamente beneficiosa. El acceso a paneles de monitoreo en tiempo real —cuando sea tecnológicamente viable y seguro— permite a los inquilinos visualizar el desempeño de la instalación y sentirse más directamente conectados con sus operaciones.

Al atender las inquietudes de los inquilinos, una respuesta rápida y profesional resulta esencial. Contar con procedimientos claros de escalamiento asegura que los problemas se manejen con prontitud y eficacia, independientemente de su complejidad. Cuando un inquilino reporta un inconveniente, el equipo del centro de datos debe acusar recibo de inmediato, explicar los pasos que se están tomando para resolverlo y proporcionar actualizaciones regulares sobre el avance. Este método demuestra el compromiso del equipo con un soporte de calidad y contribuye a fortalecer la confianza con los inquilinos. Es importante evitar información vaga o engañosa; la honestidad resulta clave para preservar una relación sólida. Proporcionar datos precisos y oportunos ayuda a prevenir malentendidos, que con frecuencia son la causa principal de conflictos.

Además, los procedimientos de resolución de conflictos deben estar claramente delineados. Esto incluye pasos para manejar disputas relacionadas con los SLA, problemas de desempeño del servicio, desacuerdos en facturación u otros conflictos. Un proceso explícito de escalamiento resulta esencial, asegurando que las cuestiones se dirijan a los niveles de gestión apropiados cuando sea necesario. Un método acordado mutuamente para resolver disputas —como mediación o arbitraje— puede ayudar a solucionar los conflictos de manera justa y eficiente. Esto evita que problemas menores se transformen en conflictos mayores que dañen la relación. Revisar periódicamente los procedimientos de resolución de conflictos ayuda a garantizar que permanezcan relevantes y efectivos.

Considérese un escenario en el que un inquilino experimenta una interrupción prolongada de energía. Una respuesta efectiva implicaría acusar recibo inmediato de la falla, identificar la causa raíz, implementar acciones correctivas y proporcionar actualizaciones frecuentes al inquilino sobre el progreso de la restauración del suministro. La comunicación transparente a lo largo de todo el proceso —incluso si implica compartir que la investigación aún está en curso— genera confianza. Una revisión post-incidente, compartida con el inquilino, detalla el análisis de causa raíz y las medidas correctivas adoptadas para prevenir futuras interrupciones. Esto demuestra responsabilidad y compromiso con la mejora continua. La revisión puede involucrar al inquilino y podría destacar áreas de mejora tanto para el inquilino como para el centro de datos en sus respectivos procesos. Este enfoque fortalece la relación en lugar de generar desconfianza o animadversión.

Otro ejemplo: un inquilino reporta conectividad de red lenta. Una respuesta pronta implica una investigación inmediata para identificar el origen del problema —ya sea un inconveniente con el equipo del inquilino, con la infraestructura de red del centro de datos o con redes externas.

En resumen, gestionar las expectativas de los inquilinos requiere un enfoque multifacético. Implica comunicación proactiva, SLA realistas, transparencia y una respuesta pronta y profesional ante las inquietudes de los inquilinos. Al demostrar de manera consistente confiabilidad, profesionalismo y compromiso con la colaboración, los ingenieros de centros de datos pueden construir relaciones sólidas con los inquilinos, fomentando una asociación exitosa y mutuamente beneficiosa. Esta atención a las relaciones fuertes con los inquilinos genera un entorno de centro de datos más estable y productivo para todos. El esfuerzo invertido en gestionar proactivamente las expectativas de los inquilinos se traduce en beneficios significativos: menos conflictos, mayor satisfacción de los inquilinos y un ecosistema de centro de datos más armónico.

Agradecimientos

Deseo expresar mi más sincero agradecimiento a varias personas y organizaciones que contribuyeron de manera significativa a la culminación de este libro. En primer lugar, quiero agradecer a Gabriel Jushua, quien ha sido un gran maestro. También agradezco a Danny Lopez, ingeniero de capacitación distrital, cuya experiencia aportó perspectivas invaluables y ejemplos del mundo real a lo largo de todo el proceso. Su dedicación a la excelencia operativa en el entorno de instalaciones críticas fue fundamental para dar forma al enfoque práctico y basado en la experiencia que define esta guía.

Finalmente, estoy profundamente agradecido con mi familia por su paciencia inquebrantable y su apoyo constante durante las largas horas dedicadas a escribir e investigar este proyecto. Su comprensión y aliento fueron invaluables.

Apéndice

Apéndice A: Plantilla de ejemplo de Acuerdo de Nivel de Servicio (SLA) Apéndice B: Códigos de alarma del sistema BMS y guía de resolución de problemas (incluye una tabla que detalla los códigos de alarma comunes del BMS, sus causas probables y los pasos sugeridos de resolución) **Apéndice C: Lista de verificación del procedimiento de bloqueo/etiquetado (Lockout/Tagout)** (una lista detallada para procedimientos de bloqueo/etiquetado seguros y efectivos) **Apéndice D: Plantilla de plan de respuesta ante emergencias** (una plantilla para crear e implementar un plan integral de respuesta ante emergencias en un centro de datos)

BMS: Building Management System – Sistema de gestión de edificios. Un sistema centralizado para monitorear y controlar diversos sistemas del edificio, incluyendo HVAC, energía, seguridad y protección contra incendios.

CDU: Computer Room Air Handling Unit – Unidad de manejo de aire para salas de computadoras. Una unidad más versátil que puede manejar tanto enfriamiento como calefacción.

CPI: Critical Performance Indicator – Indicador Crítico de Desempeño. Una métrica vital utilizada para medir las actividades o resultados más esenciales que determinan el éxito o fracaso de un proyecto, negocio u organización.

CRAC: Computer Room Air Conditioner – Acondicionador de aire para salas de computadoras. Una unidad de aire acondicionado especializada diseñada específicamente para centros de datos.

HVAC: Heating, Ventilation, and Air Conditioning – Calefacción, ventilación y aire acondicionado. Los sistemas responsables de mantener los niveles adecuados de temperatura y humedad dentro de un centro de datos.

KPI: Key Performance Indicator – Indicador Clave de Desempeño. Un valor medible que demuestra cuán efectivamente un individuo, equipo u organización está alcanzando objetivos específicos.

PUE: Power Usage Effectiveness – Efectividad en el Uso de Energía. Una métrica utilizada para medir la eficiencia en el consumo de energía de un centro de datos. Un PUE más bajo indica mayor eficiencia.

SLA: Service Level Agreement – Acuerdo de Nivel de Servicio. Un contrato que establece los niveles de servicio acordados entre un proveedor de centro de datos y sus inquilinos.

UPS: Uninterruptible Power Supply – Sistema de alimentación ininterrumpida. Un dispositivo que proporciona energía de respaldo a equipos críticos durante interrupciones del suministro eléctrico.

Otros términos relevantes

ASHRAE Standard 90.1: Norma energética para edificios, excepto edificios residenciales de poca altura.

BICSI Data Center Design and Implementation Best Practices: Mejores prácticas de diseño e implementación de centros de datos según BICSI.

Uptime Institute Data Center Tier Standard: Topology: Norma de niveles (Tier) del Uptime Institute para la topología de centros de datos.

www.ingramcontent.com/pod-product-compliance
Lightning Source LLC
Chambersburg PA
CBHW071322150726
47997CB00002B/569